圖解世界

精英思維

55 種致勝思考方式

崔洋 著

萬里機構

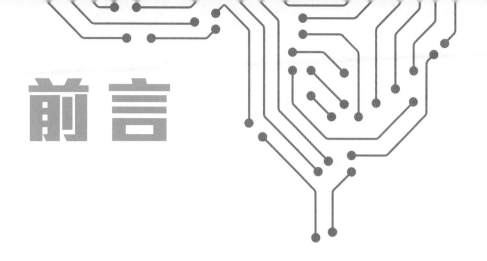

前 言

你和精英之間，差了一個思維模式

　　一位畢業於頂尖大學的 37 歲女碩士，在外資公司工作近 10 年，因為部門裁員不得不重新尋找工作，於是她在論壇發文求職。看到這裏，大家認為，她發的肯定是一則符合她碩士身份的求職訊息，然而，當大家看到她對薪酬的要求時卻大跌眼鏡：月薪 10000 元！

　　一時間，網友們的讀書無用論、中年危機論等紛至遝來。網友們似乎都在關注她的薪酬要求，卻沒有深度分析她的工作經歷：

　　在科研合作管理中「打雜」；

　　沒能取得專業內的註冊證書；

　　日語一級，不能口頭交流；

　　考碩士時英語成績不錯；

　　……

　　她承認自己的失敗，沒有在職業生涯中好好提升自己的技能，因此才混到薪酬低至 10000 元都沒有公司願意聘用她的地步。

　　這就是她低薪酬背後的原因！不是讀書沒用，不是社會對中年女性有歧視，是因為她沒有能拿得出手的本事。

其實，縱觀整個社會，不乏像這位女碩士一樣的人，他們人到中年，卻將自己陷入一片迷茫、一片黑暗當中，找不到人生的亮光，每天都像行屍走肉一般機械地穿行於辦公室和家庭之間，沒有出色的成就，沒有像樣的薪酬，沒有不可替代的技能，更沒有放棄眼下「麻木」的生活給自己一次挑戰的勇氣……

然而，與這些「麻木」的人不同的是，許多成功人士、精英都充滿朝氣且行色匆匆地奔波着、學習着，哪怕一些人的年齡已經不小了，他們依然堅信自身的人生還會更精彩，自身價值還能再次提升。

到底是甚麼導致了 37 歲的女碩士、「麻木」的人們與精英之間的距離呢？那就是思維模式！

日本經營之聖稻盛和夫在他的著作《活法》中提出了一個非常有意義的公式：

人生 / 工作的結果 ＝ 思維方式 × 熱情 × 能力

這一公式也被稱為稻盛和夫的成功秘訣。

不過從這個公式的取值範圍來看，思維方式為 -100 ～ +100，能力和熱情為 0~100。

由此可見，在這三個要素中，思維方式起着最關鍵、最具決定性的作用。

人生在世，會面臨無數的抉擇，但是不同的思維模式決定了不同的人生和結果。所以，改變思維模式，就是拉近你與精英之間距離的最好方式。那要怎麼改變呢？下面我們來看看卡羅爾·德偉克給我們帶來的兩種思維模式：一種是固定型思維模式；另一種是成長型思維模式。

有着固定型思維的人，他們不願意也不接受挑戰，更喜歡固定、穩定的生活、工作；他們不喜歡變化，更喜歡待在舒適區；他們不願意接受批評，不願意付出努力，不願意再繼續學習……

就像上面提到的求職女碩士，她不是沒有努力過，而是將自己的成就定格在某一個成績上。這位女碩士無疑是將自己的成績定格在名牌大學、碩士學歷、外資工作上，認為取得了這些就是成功了，從此便可以高枕無憂、毋須努力了。正是在這種心態下，她在外資一個替代率很高的職位上一待就是將近十年的時間，而這十年，她真的做到了歲月靜好，任由自己在一個毫不起眼的職位上碌碌無為。

有着成長型思維的人，他們從來不會認為自己的能力僅限於當下的水平，也不認為自己的成就僅止步於此，他們認為自己還會成長，還能將能力不斷提升；他們認為凡事都有可能，敢於向更大的困難發起挑戰；他們敢於擁抱變化，總是不斷尋找創新的可能；他們敢於向未知領域邁進，總是在尋找突破的機會；他們將每一次得到的反饋視為珍寶，並從中吸取教訓，總結經驗；他們不害怕失敗，認為每次失敗都是向成功更進了一步；他們擅長學習，認為學習就是終身的事業。

正是思維模式的不同，才決定了不同的人生層次。

本書講的就是精英的思維，以及步入精英的人生層次的思維運用方法。相信在讀過此書後，你能對現在的自己有一個正確的評估，然後在現在已有的基礎上，不斷提升自己、挖掘自己的潛力，從而真正躋身於精英行列。

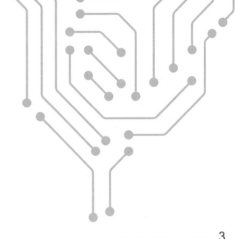

目錄

第一章　認知思維：發現你的優點和缺點

第二章 目標思維：決定你走多遠的關鍵指標

第三章 團隊思維：一棵樹長成一片森林的祕密

第四章 情緒思維：別讓負面心態影響你的未來

第七章　發展思維：不變的唯一結果是出局

第八章　突破思維：創造總是從打破常規開始

從心理學角度來説，對自我的洞察和理解，對自我行為和心理狀態的認知，被認為是自我認知。歌德説：「一個目光敏鋭、見識深刻的人，倘又能承認自己有局限性，那他離完人就不遠了。」對自己有清晰的自我認知，也就是有自知之明，就能明白自己的能力到底可以完成多大目標。在個人成長中，心中要有夢想、有目標，但是首先要對自己的能力有一個清醒的認知，畢竟實現目標、理想需要具體的行動和步驟，如果對自己沒有清晰的認知，沒有具體的行動步驟，那夢想最終也僅是「夢」和「想」。

第一章

認知思維

發現你的優點和缺點

巴納姆效應 • Barnum effect

01 人貴自知卻難自知

著名雜技師泰勒·巴納姆説：「人在認識自己的時候，很容易受到來自外界訊息的暗示，從而出現自我知覺的偏差。」人們通常會認為籠統的、一般性的人格描述，十分準確地揭示了自己的特點。

心理學上將這種現象稱為「巴納姆效應」。

生活中，常有這種現象：本身沒甚麼能力的人，在他人的吹捧下，會覺得自己無所不能；而本身能力很強的人，在他人的一再打擊下，反倒覺得自己一無是處。不管哪種人，都很大程度地受到了外界或他人的影響，而且非常嚴重，以至於最終完全迷失了自己。生活中的這種現象也正印證了「巴納姆效應」。

很顯然，巴納姆效應對於人們的自身成長是不利的，這主要體現在以下兩個方面（圖1-1）。

圖
1-1
巴納姆效應的不利之處

讓人無法真正了解自己。

不清楚自己的能力、潛力、
目標等，只從別人口中了解
自己。

讓人無法把握好自己。

做事過於在乎別人的看法，
只要別人不肯定自己，就會
覺得自己做的是錯的。

巴納姆效應影響着很多人，就像下面這個案例中的凱瑟琳。

凱瑟琳是一個非常優秀的會計師，專業能力在公司中是最好的。然而，自從她和男朋友相處後，一直有諸如「刻板」、「過於保守」等詞灌入她的耳朵，那些大多是她男朋友的朋友說給她男朋友聽的。

一開始，凱瑟琳還非常生氣，但聽得多了，她便覺得他們說的是對的，於是便學着一些看起來非常時尚、前衛的人的樣子，將自己打扮得看上去不那麼刻板。她開始頻繁地與男朋友出入一些魚龍混雜的場所，聽着周圍人對她的讚美，她很開心，也很享受。漸漸地，她的注意力更多地偏向如何將自己打扮得更時尚，結果工作方面頻頻出錯，最終因為給公司造成了極大損失而被開除了。

找不到自我，不清楚自己能做甚麼、該做甚麼，沒有是非觀，僅是從別人的眼中來判斷自己是對是錯，每天都要琢磨別人是怎麼想的，這樣的生活不僅讓人感到疲憊，更嚴重的是，它會阻滯一個

人前進的腳步，就像上面提及的凱瑟琳，不進反退。因此，生活中要盡可能遠離巴納姆效應。那要如何遠離呢？這就需要做好以下幾個方面。

正視自己

遠離巴納姆效應對自己的影響，首先要敢於直面自己，正視自己的優點和缺點，接受這些客觀存在於我們身上的現實情況。

很多人面對自身缺點的第一反應就是將缺點藏起來，這就像那個測情商的問題：

比如人落水後，被救起時發現自己一絲不掛，第一反應除了大叫，一定是趕緊用雙手捂住雙眼。不管是將缺點藏起來，還是用雙手捂眼，無疑都是在掩耳盜鈴。

而從心理學角度來說，這一行為就是不願直面自己的典型例子。人一旦有缺陷，想方設法都要將它掩飾起來。

又如有的人牙齒長得不好看，他們在說話時就特別注意掩飾自己的牙齒，或者人多的時候乾脆閉口不言。

但自我認知最重要的就是發現自己的缺點並改正它，否則它將一直阻礙自我成長。

若一時難以找到自身的優點，不妨選擇一個條件與我們差不多的參照對象作比較，當然，相比較的重點還要看內涵，比如技能、品德等方面。

培養敏銳的判斷力

培養敏銳的判斷力也要首先從認識自身開始。可以通過旁邊人的提醒等途徑發現自身的優缺點，由家裏人或其他親近的朋友直截了當地指出你自身存在的問題或具備的優勢，從這些訊息中逐漸培養敏銳的判斷力。比如以下一些訊息（圖 1-2）。

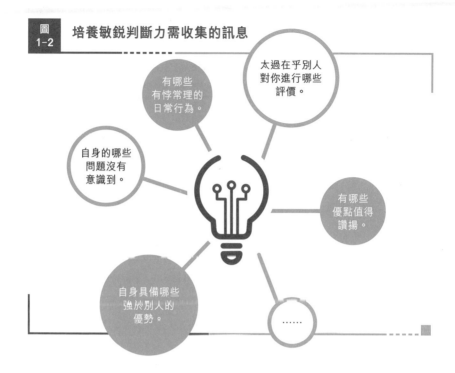

圖 1-2　培養敏銳判斷力需收集的訊息

有哪些有悖常理的日常行為。

太過在乎別人對你進行哪些評價。

自身的哪些問題沒有意識到。

有哪些優點值得讚揚。

自身具備哪些強於別人的優勢。

……

　　判斷力原本就是在收集訊息的基礎上做出決策的能力；因此，不管是家人還是親朋好友提出的有關你的訊息，你都要有所重視，當然不能又回到巴納姆效應狀態中。

通過重大事件映照自己

　　成功的巔峰和失敗的低谷都能反映一個人的真實性格，從中獲得的經驗和教訓能提供自身的個性、能力等訊息，還能看到自身的長處和優點、不足與缺陷。因此要把握這些，時刻重新認識自己。

　　人貴有自知之明，但難自知，這是很多人面臨的困惑；可是，如果連自己都無法了解，又怎麼能獲得成長、成就呢？因此，別太在意別人的看法，靜下心來好好審視自己、認識自己，活出一個精彩的自己。

達克效應 • Dunning - Kruger effect

02 別將你的無知當聰明

康奈爾大學的 Kruger 和 David Dunning 做了
一項實驗，他們想知道在某方面技能缺失的人，
是不是能認識到自己這個問題。首先他們測試了
幽默感水平。他們先找了 30 個笑話，然後又請
來專業的喜劇演員為這些笑話的有趣程度進行評
級，並以此作為參考，讓 65 名本科生繼續為這
些笑話評級。結果顯示：

幽默感比平均水平略高的人預測的成績相當
準確；

幽默感很強的人認為自己的水平也就僅夠平均
水平；

缺失幽默感的人卻認為自己的水平高出平均水平
很多。

實驗還沒有結束，研究者又分別對測試者進行了
邏輯推理能力及語法水平的測試，結果依然是能

力最差的人認為自己的水平遠高於平均水平。

在接下來的一系列實驗中，閱讀、駕駛、下棋、球類競賽等，都表明能力愈差的人，對自己的能力評估愈高。

這一系列的實驗結果表明：能力差的人更容易高估自己的能力，而能力高的人又容易高估他人的能力。

這種對自己的能力認知缺失的現象，被心理學家稱為達克效應。

之所以會產生這種現象，是因為能力的高低會影響自我認知。一個人只有真的具備某種能力，才會真正了解這項能力，才能對這項能力做出最精準的評估。而當不具備這項能力，也不了解這項能力到底是怎麼回事時，也就無法認識到自身對這項能力有所欠缺。

其實，這種現象在芸芸眾生中比比皆是，比如一些自我感覺良好的人，他們自認為自己很聰明、很幽默、很有學識等，但其真實能力可能要差得多。在生活和工作中，我們是不是也有這種時候呢？在自我營造的優勢中「自我放飛」，本身能力不高，卻自我感覺能力很強，無法客觀地對自身形成明確的認知。說這麼多，並不是要你妄自菲薄，而是讓你正視自己、真正了解自己，進而更好地提升自己。當然，提升自己，還要對自己有一個清晰的認知，然後加以學習和訓練。

自我認知的三大要素

自我認知通常由以下三大要素構成。

基礎認知

包括身份、身體狀況、情緒狀況等自身基礎狀態的認知。

能力認知

正確認識自己能做甚麼、擅長甚麼、不擅長甚麼。

價值認知

正確認識自身的價值。

在基礎認知中，比如不了解自己的情緒狀況，就很難有效地與人共情，有效地溝通和交際。對身份的認知也非常重要，這是一個涉及精神層面的認知，在不同的場合、不同的領域中，需要不斷地變換角色，這就需要我們對身份轉變有明確的認知。

能力認知是最動態、最難把握的，這是因為能力可以下降、提高，並且是通過比較產生的，認知的過程比較複雜。往往自認為能力不足的部分，很少去拓展，所以就會越來越差；認為自己能力突出的地方，不斷實踐、展示，就會越來越好。

價值認知是自我認知的最高級部分，很容易產生認知偏差，這是因為它常常受環境的影響，比如基於社會、組織或他人的期望體現出來的價值，往往並不是自我的真實價值觀，這種價值往往讓人失去了自我前進的方向和動力。

提升自我認知

經常自省、突破自我「不知不覺」的狀態是提升自我認知的關鍵。以下一些提升自我認知的方法我們不妨借鑑一下。

▪ 刻意練習 ▪

學習和精進是提升自我認知和能力的重要途徑。重點從以下幾點進行學習：

首先，明確要掌握的核心技能，通過專業書籍、行業領袖的意見等學習掌握。

其次，制訂計劃和目標，在完成計劃、達到目標的過程中保持專注。

再次，獲得持續反饋，將身邊及行業優秀的人，作為反饋系統，及時得到反饋。

最後，要長期堅持，既然想要提升，就不能一蹴而就，須長期堅持。

▪ 適當停一停 ▪

在生活和工作中，對自我進行規範，並不時地停下來想想自己為甚麼這樣做、這樣思考，並不斷檢驗和監督自己，控制和引導心智和認知過程。

▪ 藉助符號 ▪

將每天的情緒、身體狀況等用不同的符號表示出來，不但能時刻提醒自己留意自身狀態，還能對基礎認知有清晰的了解。

▪ 接觸挑戰性工作 ▪

有意去接觸一些具有挑戰性的工作，認識到不一樣的自己，這樣有助於將隱藏的能力激發出來。

達爾文說過：「無知比博學更容易給人帶來自信。」希望追求成長的你，別被無知蒙蔽了雙眼，要記得正確認識自己。

瓦拉赫效應 ● Wallach effect

03 發現自己的優勢點 並充分放大

諾貝爾化學獎獲得者奧托・瓦拉赫的成才經歷可以用「傳奇」來形容。中學時,父母為瓦拉赫選擇了文學。然而,非常用功的瓦拉赫在經過了一個學期的文學學習之後,老師卻給了他「很用功,但過分拘泥,即使擁有完美人格,也絕對不可能在文字上表達出來」的結論。文學路不通,父母又為他選擇了油畫。可他不善於構圖,不懂調色,即使很用功,依然無法理解藝術,以至於成績墊底,老師的評語更是簡單粗暴:瓦拉赫在繪畫藝術方面不可造就!

父母對他很無奈,老師也基本持放棄態度,只有化學老師認為他做事嚴謹,適合做化學實驗,於是便建議他學化學。在接觸化學後,瓦拉赫的智慧開始迸發,就這樣,他一路走上了諾貝爾化學獎的領獎台。

瓦拉赫成功的現象，在人才心理學中被稱為「瓦拉赫效應」，它告訴了我們一個非常簡單的道理：我們每個人都有自己的優勢和劣勢，找到自己的優勢，將之充分發揮，便能在人生路上飛快前進。

　　瓦拉赫最終找到了自己的優勢，因此他成了舉世聞名的成功人士。然而，生活中，總有一些人不懂如何去發現自己的優勢，總揪着自己的劣勢不放，習慣貶低自己，認為自己一無是處，所做的一切都是徒勞的，尤其是在遭遇挫折或困難時，這種心理更強烈。

　　人最怕的就是自暴自棄，無視自己的能力，受消極、錯誤的心理影響，渾渾噩噩地生活。這樣的人自然無法突破自己，無法獲得成功。因此，我們就要學習瓦拉赫效應，做到以下兩點。

> 正視自己，找到自己的優勢點。

> 肯定自己的優勢點，並將優勢點不斷放大。

　　想要正視自己，找到優勢，並將優勢無限放大，還需要我們做好以下幾點。

發現先天優勢

　　有些人先天就具備一定的優勢，主要體現在以下兩種情況。

　　第一種情況，雖然沒有接觸到，但內心具有強烈的渴望去接觸，可以説是特別着迷。比如從小就喜歡音樂的男孩，成長之路與音樂絲毫不沾邊，大學更是就讀護理專業。然而他對音樂的渴望讓他在大學期間就參加了校園歌手比賽，並最終成為了知名的職業歌手。

第二種情況，接觸的時候，發現自己比別人更擅長，領悟更透、更深，學得更快，於是想要繼續投入，這種情況也很常見。比如一個人喜歡發明，在一次嘗試性發明成功後，便將自己大量的時間和精力放在自主研發上，並且獲得了許多專利。

通過以上兩種情況，同時結合在不需要任何理由的情況下，完成一件事的過程和完成後的感覺都特別良好，就能發現先天優勢所在。

持續的興趣便是優勢

能夠一直持續下去的興趣，最終的歸宿就是優勢。

曾經有一個保險推銷員，她有一個很大的興趣，就是喜歡跟人搭訕，不管是熟人還是陌生人，她很快便能獲得對方的好感。這是因為在不斷與人接觸中，她總結出了一套「見甚麼人說甚麼話」的經驗方法。正因如此，自從踏入保險行業，她就經常拿到銷售冠軍的頭銜。

興趣中藏着優勢，這是很多人所認同的。尤其是像上面提及的推銷員，她的興趣正是她的核心優勢。生活中的我們也可以發現自己的興趣所在，並長期持續下去，最終會演進成最有競爭力的核心優勢。

充分發揮優勢

在發現自身優勢之後，想要突破自我，快速成長，還要讓優勢得以充分發揮。不妨從以下幾個方面來實現。

▪ 積極實踐，形成正向反饋 ▪

在發現自身優勢後，還需要通過外界的反饋，確認自己是不是真的具備這些優勢，同時可以通過自己的認知，來感受這些是不是自身的優勢所在。接下來，就是強化優勢了，此時需要提升自身技能，搭建系統理論與知識體系，最終形成能將優勢最大限度強化的思維和能力。

▪ 改變思維方式，自我激勵 ▪

很多人在發現自己優勢之後的成長，是改變了思維方式，而這種思維我們可以將它稱為「主場思維」，即不管是在工作中還是學習中，都以主人翁思維進行思考，為的就是讓明天的自己更強大。這樣的人會為自己設定目標，包括短期、中期及長期目標，每完成一個目標，都會讓他的優勢放大，進而能讓自己持續優秀，最終獲得精彩人生。

▪ 為優勢匹配行業、企業 ▪

首先要匹配行業。行業的選擇受個人的價值觀影響。一個全心為群眾服務的人是不會追求個人利益的，他可能會將自己奉獻於為國為民服務的，幾年、十幾年甚至幾十年也不見報酬的行業，但如果一個全心追求經濟報酬的人，定會想去利潤高的行業。

其次是匹配企業。對職業的期待和訴求是一個人對企業進行選擇的關鍵。是想過風生水起的人生還是平平穩穩的人生，是渴望高風險、高回報的生活還是渴望簡單的生活？

匹配好了行業和企業，就可以將自己的優勢充分發揮出來，在實現自己的價值的同時，讓自身得以快速成長。

無論你以前如何瞧不上自己，請千萬記住一句話：你再不濟，總有一樣是可以的，找到這一點，它就是你的優勢，放大你的優勢，你就是生活的強者。

聚光燈效應 • Spotlight effect

04 別把自己看得太重要

心理學家吉洛維奇做了一個實驗，他讓康奈爾大學的一位學生穿上某名牌 T 恤到教室中去，這位學生因為穿着名牌，心裏一直想班裏的同學肯定都在注意自己身上的這件 T 恤。但吉洛維奇最後得出的結論是：全班同學只有 23% 的人注意到了這點，其他人根本就不關心。

　　這一實驗說明，人們總認為別人會對自己加倍關注，但事實上並不是這樣。但這種自我感覺非常重要的心理讓我們高估了自己的突出程度，而這種高估周圍人對自己外表、行為等關注的一種表現，在心理學上被稱為聚光燈效應。

　　聚光燈效應是我們每個人都會有的一種體驗，比如在工作中出了一點兒小差錯，就總覺得全公司的人都在對自己指指點點，認為

自己甚麼都做不好；或者穿了一件漂亮的新裙子進教室或公司，總覺得全班同學或全辦公室的人都在注視自己；抑或在大庭廣眾之下摔了一跤，認為周圍所有人都在笑話自己；在與親朋好友聊天時，總是不自覺地將話題引到自己身上來，以博取更多的關注⋯⋯其實，真正注意到你的人並沒有你想像中的那麼多，很多時候只因為我們對自己太過關注，才會產生自己到哪裏都是焦點的心理錯覺。

這種聚光燈效應會讓人覺得自己的一舉一動都受着周圍人的監視，因此做事往往會畏首畏尾，不敢前進，尤其是在社交場合，這種心理效應會很容易讓人產生恐懼感，嚴重影響了自我的成長和真實能力的發揮。所以，想要突破自己，讓自己得以成長，就需要將這種自認為自己很重要的聚光燈效應規避掉。具體來說，可以通過以下幾種方法實現。

褪去光環

雖然自帶光環的人不管到哪裏都能很快成為那個地方的焦點，但自己卻不能被這些光環所左右，認為自己非常重要。此時，心態平和尤為關鍵，否則的話，說不定哪天就有人代替你戴上了光環。

20 多歲時，瓦德‧丹路殊就當上了樂隊指揮，後來成了美國著名的指揮家、作曲家。年紀輕輕便取得了如此驕人的成績，這位指揮家有些飄飄然，開始目中無人，甚至忘乎所以，認為自己的才華天下第一，無人能及，自己的指揮角色也無人能替代。

然而有一天，樂隊要排練了，他發現自己沒帶指揮棒，在他正要準備叫人回家去取時，他的助手告訴他可以向樂隊其他人借用一下。丹路殊對助手的話深表驚訝，他完全沒有想到，除了他怎麼可能還會有人帶指揮棒？但就在他剛開口問誰能借他一根指揮棒後，馬上有三根指揮棒被遞到了他的面前，分別是大提琴手、首席小提琴手和鋼琴手的。

眼前晃動的三根指揮棒立刻讓丹路殊清醒了過來，他從那一刻開始明白，樂隊指揮的位置時刻都有人在準備取代，而且這些人一

直都在暗自努力。從那以後，丹路殊再也不狂妄自大、鬆懈偷懶了，而是不斷地精進自己的技藝。

丹路殊的例子告訴我們，與其等待別人將自己的光環摘去，還不如自己主動將光環褪去，腳踏實地地做好每一天的工作，讓每一天都是新的開始，讓每一天的自己都有所成長。

守弱

守弱的本質就是去聚光燈效應，是克服聚光燈效應的良藥。要做到守弱，須做到以下幾點。

▪ 尊重強者 ▪

要有自知之明，能看到自身的不足之處，對比自己強的人要心存敬畏，然後以強者為目標，暗自努力，早日讓自己達到強者的標準。

▪ 懂得退舍 ▪

人生在世，是成功還是失敗，都在取捨之間。守弱就要懂得主動求退、求舍，退後一步是為了求得更大的進步，捨棄目前的小利是為了換取更多的收穫。一味認為自己就是一切的中心，只會讓自己停滯不前，失去更多。

▪ 別把自己看得太重要 ▪

守弱的關鍵還是不能把自己看得太重要。泰戈爾說過一句話：「天使之所以會飛，是因為她們把自己看得輕。」同樣，一個人將自己看得不太重要，才能真正擺正自己的位子，正確地認識自我，不矯揉造作，沒有高姿態。記住，當自己還沒有做大做強的時候，甚麼都不是。

守弱不是懦弱，更不是卑躬屈膝，而是大智若愚的處世之道，是真正的大智慧、大境界。

將焦點放在核心點上

　　將聚光燈效應正用，把精力全部聚焦在核心上，這樣更容易取得事半功倍的效果。比如工作上要完成一項高精技術難題，或者要集中精力做出一篇文案等，抑或將焦點用在你的競爭對手身上，這樣你不僅能進步，還能通過競爭得到回饋。

　　不管是不是已經取得了一定的成績，也不管自己處於哪個階層，想要自己再有所突破，繼續成長，就不能將自己看得太重要，要學會守弱去焦點，讓自己任何時候都處於蓄勢待發的零基礎狀態。

霍布森選擇效應 ● Hobson's choice effect

05 沒有對比的選擇寧可扔掉

霍布森是英國劍橋的馬匹生意商人，他向前來買馬的人承諾說，買我的馬、租我的馬都可以，我給你們很便宜的價格。霍布森的馬圈很大、馬匹很多，但卻只有一個小門，他規定前來買馬或租馬的人只能站在馬圈口選馬。俊美、膘肥、壯實的高頭大馬根本無法從小門出去，而能出去的都是些小馬、瘦弱的馬和看上去沒甚麼精神的馬。前來買馬和租馬的人，挑來挑去都是一些下等馬。但即使如此，人們依然覺得最後自己選到了最好的馬，自己做了最好的選擇。

這種幾乎沒有選擇餘地的「選擇」，被稱為霍布森選擇效應，是著名的心理學效應。它告訴我們，自己非常滿意的選擇，或許僅是在狹小空間內做的「小選擇」、「假選擇」、「形式主義的選擇」。

　　事實上，思維及選擇的空間非常小，而這種思維一旦僵化，自身就很難再有成長。

　　甚麼樣的環境造就甚麼樣的人生，甚麼樣的思維成就甚麼樣的人生，一個人若在一個沒有選擇餘地的環境中生活，那無疑是自毀前途；一個人若被固有的思維框住，也一樣無法突破自己，無法破繭成蝶。一旦陷入霍布森選擇效應的困境中，人就會被固有思維左右，很難對自我有正確的認知。

　　之所以陷入霍布森選擇效應以致對自己難以有正確的認知，主要有以下兩個原因（圖 1-3）。

圖 1-3　難以對自己做正確認知的原因

主觀思維封閉

沒有對比的對象

　　沒有對比，就無法區分出好壞、優劣。一個具有「一條道走到黑」的性格的人，做事從來不做更多方案，選中一條路就只顧埋頭苦幹，從來不想還有沒有其他更便捷的路徑。如此做事，不但效率會受影

響，效果也一樣會跟著受影響。所以，在決定做一件事前，或者做某個判斷、決策時，一定要提供多個方案供取捨，如果僅是一種方案，又怎麼能判斷它的優劣呢？對自己的認知也是一樣，如果不將自己與其他人對比，或者不將現在的自己與曾經的自己對比，就無法真正認識自己。

有句格言說得好：「如果你感到似乎只有一條路可走，那很可能這條路就是走不通的。」曾經看到過一張圖片，一個男人很吃力地在前面拉車，另一個人在後面用力推，但仔細一看，他們的車輪是方形的。後面有人給他們遞過來兩個圓形的輪子讓他們裝上，這樣可以讓車跑得更快；然而，兩個拉車的人說他們正在很努力地拉車工作，他們一定會到達終點的。這樣不求改變、封閉的主觀思維，會將人的創造活力扼殺，將人在本質上所具有的多樣化、多層次選擇性層面存在的可能扼殺，讓人看不到客觀世界中存在的新的視角、更多的路徑。由此就會阻礙人的成長。

想要避免陷入「霍布森選擇效應」困境，就需要開闊視野，充分認識和了解周圍的世界，盡最大可能克服思維方式上的封閉性和趨同性，通過開放的客觀世界改變自己單調的、僅有的一種看法。在《大趨勢》中，奈思比曾指出，當今時代是一個「從非此即彼的選擇到多種多樣選擇」的時代。一條路走不通，就換一條路走，直到你的創造性能得到充分發揮為止。這就需要個人在成長時做好以下幾點。

遇到問題多擬訂幾個優質的備選方案

成長路上有諸多的溝溝坎坎，要實現目標，客觀上存在多種途徑和方法，在遇到問題時，不能畏縮不前，自暴自棄，認為你已經做了所有的努力。事實上，你可能僅用了一種方法，走了一條路，做了有限的努力。如果針對問題再多擬訂幾個備選方案，通過綜合分析，權衡利弊，區分出優劣，選出最優方案作為決策方案，說不定所謂的問題就會迎刃而解了。

多聽取反對意見

　　為了促進成長，頭腦中要有自我及他人的不同意見。自我的意見，是要通過不斷思考，將自身存在的各方面問題不斷暴露出來，進而不斷地完善；他人的意見，是讓自己的成長多一些不同人的意見，這些意見可能是對立的，與自己的觀點完全衝突，但只有在不同的觀點、談論、判斷上，才會做出最好、最正確的選擇、判斷和決策。優秀的人在做某項選擇或決策時，總習慣激發他人的反對意見，讓自己不至於成為某一種想法的奴隸，通過這些反對意見，給自己的判斷、決策提供更多的方案，讓自己從多方面進行思考、比較和選擇；同時，這些反對意見還能激發自己的想像力，發現解決問題的新途徑，進而從不同角度去最終確定最優的選擇、決策方案。

　　「當看上去只有一條路可走時，這條路往往是錯誤的。」當陷入霍布森選擇效應的陷阱時，要及時改變自己的思維方式，否則影響創造力，也是在阻礙成長。

布里丹之驢效應 ●Buridan's ass

06 影響你發展的
不是運氣，是猶豫

法國哲學家布里丹買來一頭小毛驢，為了餵飽牠，他每天都要向附近的農民買一堆草料。農民出於對哲學家的敬仰，這天專門給小毛驢送來了兩堆草料。這下可難壞了毛驢，數量、質量、距離完全相同的兩堆草料，到底哪一堆才更好，牠無法分辨，雖然有充分的選擇自由，但是，牠最終還是在兩堆草料面前餓死了。

這種決策時遲疑不定的現象，被心理學家稱為布里丹之驢效應。

在生活和工作中，很多人會抱怨自己時運不濟，想做甚麼都做不成，其實很多時候並不是運氣不佳，而是猶豫不決讓自己錯失了太多的良機，不僅白白浪費了時間和精力，最終還導致自己停滯不前，一無所獲。

舉個例子來說，不喜歡寫網絡小說的張三幾番想自主創業，但是一再於創業資金數目較大、創業是否能成功、在哪裏創業、自己是不是適合創業等問題間反覆權衡利弊，始終沒能在創業路上真正行動起來；一晃幾年過去，曾經的同學在成功創業的路上愈走愈遠，同事也都已經坐上了管理崗位而越來越優秀，而他依然坐在電腦前機械的寫網絡小説，而且因為幾年時間心思一直飄忽不定，導致小説也沒有任何創意和進步，依然需要在老闆的指導和要求下才能勉強完成工作。

　　所以，不管是在生活中，還是在工作中，想要獲得一定成績，就得改變太多猶豫不決、遲疑不定的思維習慣，抓住良機，讓自己的才能得以施展。當然，想要做到這點，首先要弄清楚自己到底為甚麼遇事經常會猶豫不決、遲疑不定。具體來說，在於以下幾個方面的原因：

1 對自己的能力和經驗不夠確信，想要全面對比後再下決斷。

2 缺乏目標，不清楚自己最想要的是甚麼。

3 太在乎別人的想法，自己過於優柔寡斷。

4 過分擔心未知結果，害怕承擔消極刺激。

如果發現自己在做事過程中經常會出現猶豫不決的現象，也曾為此失去過最好的晉升和成長機會，那麼也不要苛責自己，因為再卓越的人也會出現遲疑不定的情況，只不過這些卓越者能夠找到造成猶豫和遲疑的思維根源，然後解決它。所以，通過以下方法來解決自身的猶豫不決、遲疑不定，你就能成為卓越者。

不要擔心失敗

愈是追求完美的人，愈會在行動上受限，因為會擔心結果不夠完美而在人前丟臉，這就導致做事畏首畏尾、猶猶豫豫。摒棄完美心態，每走一步，都將自己當作一個新人，不怕失敗、不怕輸，就算再強的人也是一步步從失敗中走過來的。就像雷軍，他經歷了 9 次失敗後，才換來了小米今天的輝煌。他曾說，有一段時間，他似乎被整個世界遺忘了。但是，他在這諸多失敗面前沒有氣餒、沒有猶豫，一如既往地堅持不懈，最終取得了世人皆知的成績。

相信直覺

當猶豫不定的時候，請相信你的直覺。可能你會認為憑直覺做決策太過草率，但就像麥爾坎‧葛拉威爾在《決斷 2 秒間》中說過：「所謂的直覺，實際上是大量知識與經驗的結合。」這也驗證了，很多時候，憑直覺做出的決定往往能給人帶來莫大的驚喜。

在談到決策哲學時，喬布斯曾說：「我開始意識到，比起抽象思維和邏輯分析，直覺和覺悟更重要。」相信我們每個人都有過一瞬間靈光乍現的時刻，其實那就是直覺的指引。比如在苦思冥想一個文案時就是沒有頭緒，突然一個念頭閃過，馬上就有了頭緒，這就是直覺的作用。

聽從自己的內心

邱吉爾說過：「人的唯一指引是他自己的良心。人的記憶的唯一屏障是他自己行為中的真誠和正直。生活中沒有這層屏障是非常不明智的，我們常常因為希望的失落或預測的失誤而受嘲笑，一旦有了這層屏障，則無論命運如何，我們將總是在光榮的行列中前行。」在猶豫不決時，請聽從自己內心最認可的那個選擇。

對需求進行排序

規避模糊的邊界感，對自己所做的事情要有清晰的認知。舉個例子，一個銷售經理的主要需求，也是他最該做的事，就是提高產品銷量；然而，朋友有難，需要他的幫助，可一旦幫了朋友，就會影響他整個部門的銷售業績。此時他開始猶豫，不知要不要幫朋友。但最終他意識到了自己首先是公司的銷售經理，提高產品銷量是他主要的需求，於是他立刻採取了行動，將朋友的事情延後做了處理。

擲硬幣決定

心理學家、哲學家威廉·占士曾說：「當你必須做選擇卻未做的時候，這種情況本身就是一種選擇。」他說得沒錯，如果此時內心被各種選擇搞得一團糟，不如用一枚硬幣打破自己的心理僵局。這種看似玩笑的方法其實是非常適合選擇困難症的。

猶豫不決的內涵其實就是迴避，為了不讓猶豫不決影響成長的腳步，有時候還要學會「一意孤行」，而且一旦做了選擇，就要促使自己在現有條件下盡量取得成功，而不是一再懷疑所做的選擇是不是正確。

糖果效應 • Delayed gratification

07 延遲滿足的人 都是人生大贏家

20 世紀 60 年代，心理學教授米歇爾做了一個關於「延遲滿足」的著名實驗。實驗中，研究人員找來 653 名幼兒園孩子，讓他們分別待在只有一張桌子和一把椅子的小房間裏，不過桌上放着孩子們愛吃的棉花糖。研究人員告訴他們，可以通過以下三種方法吃到棉花糖。

第一種：馬上吃掉棉花糖，但只能吃一顆；

第二種：等研究人員回來再吃，可以再多得到一顆棉花糖；

第三種：中途等不住時，可以按響鈴要求吃棉花糖。

實驗過程對孩子們來説很煎熬，非常想吃棉花糖的孩子們用各種方法抵制誘惑，或捂眼，或背轉身，或做一些小動作。儘管如此，依然不到 3 分鐘時間，大多數孩子堅持不住了，有些甚至都沒有按鈴就直接吃掉了棉花糖。最後，只有大約三分之一的孩子等了 15 分鐘，成功延遲了想吃棉花糖的慾望，得到了獎勵。

米歇爾將這一實驗稱為「糖果效應」，也是延遲滿足，指的是甘願為了更有價值的長遠結果，放棄能夠即時滿足的抉擇。

其實，在生活中，每個人都有面對類似「糖果實驗」的境況，是想要通過努力奮鬥獲取更大的成功，還是隨遇而安，滿足於現狀，就在於是不是能夠做到延遲滿足。有句話說得好，「吃得苦中苦，方為人上人」，想要有所作為，就要推遲滿足感，不能貪圖暫時的安逸。那該怎麼做呢？此時就要重新思考並排列一下享受快樂與感受痛苦的順序了。（圖 1-4）

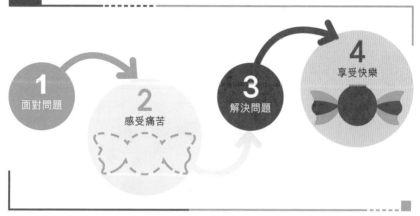

図 1-4　重新設置人生感受順序

1 面對問題

2 感受痛苦

3 解決問題

4 享受快樂

當然，想要做到延遲滿足，單是重新設置「人生感受」順序，僅僅是擁有了想要改變的意識，而真正做到這一點，還需要有高度的自制力，即自律，這樣才能成為人生大贏家。我們再接着來看米歇爾的實驗。

糖果實驗並沒有在孩子們吃完糖後結束，從 1981 年開始，米歇爾對當時參與實驗的 653 名孩子又進行了追蹤調查。當時這些孩子已經是高中生了，調查項目主要對這些孩子的學習成績、解決問題的能力及人際關係等方面進行了調查。結果顯示，當年沒能抵住誘惑的孩子，不管在學習上還是行為上都存在較大問題，他們不能面對壓力，注意力難以集中，與同學的關係也比較糟糕；而當年等了 15 分鐘的孩子，不僅在學習成績上比很快吃糖的孩子平均高出 210

分，在其他方面也表現得非常優秀。

很顯然，那些想要得到獎勵而控制自己不去立刻享受甜美的棉花糖的孩子，有高度的自我控制能力。孩子們在實驗中展現出來的自我控制能力，並不是單純地等待，也不是一味地壓制內心的慾望，而是具備能夠克服眼前的困難、力求獲取更大和更長遠收益的能力。也正是這點才讓他們在未來的學習和其他方面表現那麼優秀。

要有關鍵要素做支撐

想要做到高度自律，有幾個關鍵要素不得不提。（圖 1-5）

図 1-5　高度自律的幾個關鍵因素

一個人想要做到自律，首先得知道「為甚麼」，這就需要制訂計劃，明確目標，並且目標一定要高度清晰；其次，要精準把握達成目標的時間，遠離任何誘惑；最後，遵照計劃和時間高效執行，最終達到目標。

將自控力用在刀刃上

對於絕大多數人來說，自控力其實是非常有限的，時間稍長，自控力就不足以抵制誘惑，低落情緒、注意力分散等問題就會佔據上風。此時若強行追求自律，強迫自己執行，自控力就會消耗身體能量，而身體能量一低，自控力又被削弱了。因此，強迫用自控力執行計劃是不可行的。那該怎麼辦呢？好鋼用在刀刃上！

將更多的自控力用於處理「我想要」、「我要做」的事情上，也就是目標和執行層面；而「我不要」的部分，則需要抵制誘惑、消耗能量，此時也需要自控力。但為了在這部分不消耗自控力，不妨就給自己一些「糖果」，將誘惑變成適度的自我放鬆和獎勵，如此不但不會消耗能量，反而還是對能量的補充。

比如，你需要5天的時間將一個比較複雜的文案做出來，而你已經連續3天一直在拼命做了，雖然離你所期待的完美結果還有很大一段距離，但你的注意力明顯渙散，大腦一片混沌，接下來的文案思路突然斷了（此時就到了自律的低谷期）；此時與其在混沌中受低效折磨，不妨拿出幾個小時的時間來放鬆，到紅花綠樹的公園走走，爬爬附近的小山，到河邊散散步，哪怕躺在床上稍微休息一下，放空大腦……都能讓能量得以恢復。

一天的工作時間也是一樣，一天8個小時，甚至10~12個小時，或更多的工作時間，若一直處於高強度的狀態下，沒有片刻放鬆，堅持不了幾天人就疲憊不堪了；但若是合理分配時間，人的精力就能持續保持比較高的水平，這也是平時大家所說的「勞逸結合」。具體來說，可以用2~3個小時將「我想要」、「我要做」的事情集中精力做好，做好之後，用半個小時左右的時間來放空大腦，抵制「我不要」的部分。

那些天天說自己人生不得志，空有一腔理想、抱負，卻沒有施展之地的人，還有那些看到別人研究出一個又一個科研成果，看到別人創業成功，看到別人住着豪宅、開着豪車，認為自己生不逢時、時運不濟的人，看看自己屬不屬那些「先吃糖的人」。如果是，那麼從此刻開始，就培養自己延遲滿足的思維，對自己狠一點兒，說不定哪天理想、抱負就實現了。

木桶原理 ● Cannikin Law

08 克服人生「短板」，你就是強者

老國王有兩個兒子，但是他遲遲不能決定到底讓哪個兒子繼承他的王位，於是就給了兩個兒子每人一些長短不一的木板，要求他們各做一個木桶，並承諾誰的木桶盛的水多，誰就繼承王位。大兒子為了讓自己的桶盛下更多的水，從一開始就將每塊木板削得很長，這樣可以讓做出的桶更大，但是讓他沒想到的是，僅剩最後一塊木板時，卻比之前的短很多。小兒子開始拿到的木板也是長短不一，但他沒有追求最長的木板，而是平均地使用了木板，每塊木板雖然沒有大兒子的高，但是卻比大兒子木桶上最短的那塊都高；因此，他的木桶裝的水多，最後小兒子繼承了王位。

盛水的木桶由多塊木板箍成，能盛多少水是由構成木桶的木板共同決定的；若其中一塊很短，那麼盛水量就會受到這塊木板影響，這塊很短的木板就成了「限制因素」。由此，美國管理學家彼得提出了「短板理論」，也即「木桶原理」。

　　很顯然，想要盛更多的水，只要將水桶最短的一塊木板換掉，換成和其他木板一樣高即可。生活中，幾乎每個人都存在自己的短板，當發現短板在影響個人的成長時，就要通過努力將短板補上。當然，人與靜態的木桶不同，人在智力、情感、意志等方面有着複雜的交互關係，在提升個人成長時，不能簡單單地如木桶盛水一樣非得補上短板，也可以通過「揚長」來「避短」。因此，通過木桶原理，我們就能學到以下兩點：一是補短板；二是揚長避短。接下來，我們就分別來說一下。

補短板

　　人無完人，人性中存在許多弱點，比如以下這些（圖 1-6）。

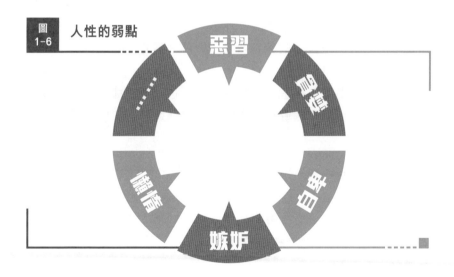

圖 1-6　人性的弱點

惡習

自卑

嫉妒

這些人性的弱點都是人的短板，如果不加以改正的話，甚至比木桶的短板更嚴重，它們更像是爛掉的蘋果，必須將之剜掉直接丟棄，否則就會讓整個蘋果都爛掉。

就拿貪婪來說，貪婪可以侵蝕一個人的心智，若不加以控制、糾正，最終的結果只有失敗。就像拿破崙，他統治下的法蘭西一度佔據了大半個歐洲，成就了法國歷史上地域最廣、影響力最強的時段；但因為貪婪，他遠征沙俄遭遇滑鐵盧，再也沒能繼續當年的輝煌，最終含恨塞班島。

拿破崙的貪婪導致他最終含恨而死，在如今物慾橫流的時代，貪婪的人又何其多呢？簡單舉個例子，炒股的人，有不少人從中賺到了錢，而更多的人是鎩羽而歸；究其原因，絕大多數是因為貪婪，都想着能遇到漲停板，或者等再漲一些後拋出，結果失去了最佳的賣出機會，不得不割肉拋售。

再拿懶惰來說，泰勒説過：「懶惰等於將一個人活埋！」一個人再怎麼有才華，如果懶惰，最終也只有碌碌無為過一生，甚至是窮困潦倒過一生。縱觀世界上的那些成功人士，他們沒有一個是懶惰的人。比如喬·吉拉德、巴菲特，他們如果每天都躺在搖椅上曬太陽，或者每天都對財經新聞、時事不聞不問，還能成就如今無人能超越的世界上最偉大的銷售員及股神嗎？還有馬雲、劉強東，他們的成功是偶然的嗎？

所以，想要成為強者，若發現自身存在以上諸如懶惰、貪婪、嫉妒、自卑、驕傲等弱點時，唯一的辦法就是努力克服，補上這些短板。

揚長避短

我們不是木桶，如果我們的「長板」足夠「長」，那我們完全可以將更多的精力用來繼續加長長板，以規避短板的不足。這點在生活中的例子比比皆是。

就拿 NBA 球員來說，很少有全面型球員，但他們的精彩卻讓世人矚目，這其中的原因，除了團隊合作之外，自然少不了他們各自的優勢。比如勇士隊的當家球星居里，熟悉他的人都知道，他最擅長的就是三分球，就像解說員說的那樣，任何距離、任何時間，都是他的投籃點，哪怕被高出他很多的幾人圍堵，哪怕在半場距離，哪怕已經被防守逼得要躺在地面上了⋯⋯只要他想投，他總能創造出令人不可思議的、超高難度的進球。然而，1.91 米的他，曾被認為身材過於瘦弱矮小，不適合超高強度對抗的 NBA 職業籃球賽；而他的腳踝也因頻頻受傷給他製造麻煩，不是讓他賽季報銷，就是讓他錯過比賽。可以說，無論是身材，還是腳踝，都是他 NBA 職業籃球生涯的致命短板。雖然在訓練中，他也在不斷進行力量對抗訓練，但他更多的是不斷加強三分球練習，不斷加強兩分拋投練習，不斷加強技術、技巧。由此才成就了如今的當家球星地位，才避免了被腳踝所累的困局。

再有勇士隊的格連，熟悉他的人都知道，進攻是他的短板，防守是他的優勢，而他的防守對勇士隊接連拿下的幾個冠軍是功不可沒的。

還有上面說到的喬・吉拉德，他天生口吃，這是銷售的大忌，然而他勤奮，他善於聆聽客戶的需求與問題，為此規避了他口吃的短板，成就了至今無人超越的成績。

每個人都有自身的長處和短處、強項和弱項，當短處、弱項成為阻礙我們成長的人性弱點時，我們就要去糾正；如果短處、弱項還構不成致命性的成長阻礙，就不妨將主要精力和資源都用於自己的優勢領域，讓自己的特長發揮到極致，以達到揚長避短、揚長補短、揚長克短的狀態，不用過於追求十全十美，畢竟在搞航空航天技術研發的同時，你無法再去進行水稻產量提高的研究。

或許我們都會有那麼一刻：覺得遇到了困難，無法繼續前行，或者不知道該往哪裏前行。此時，我們首先要做的就是趕緊將思維聚焦在目標上：問問自己正在哪裏；要去甚麼地方；去這個地方需要做些甚麼；在到這個地方之前，我們自身還缺少甚麼……當思維從困難調整到結果上，心中有了願景，很自然地就會專注於願景，此時一切困難都將成為前進的鬥志，一切挑戰都能變成機遇。

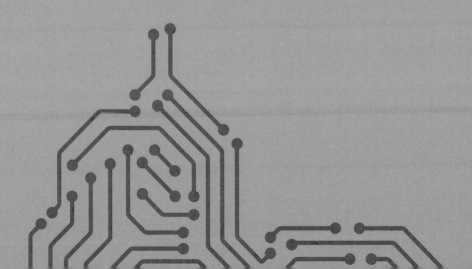

第二章

目標思維

決定你走多遠的關鍵指標

目標效應 ● Target effect

09 知道自己去哪兒，全世界都會為你讓路

美國哈佛大學的教授做過一個非常著名的實驗，是有關目標對人生影響的跟蹤調查實驗，調查對象是一群條件相當的年輕人，他們在智力、學歷、環境等方面都近似，不同的是，在這群年輕人中：60% 的人目標模糊，27% 的人沒有目標，10% 的人有清晰但短期的目標，3% 的人有清晰且長期的目標。

這項調查研究一直持續了長達 25 年的時間，結果發現：當年 3% 有清晰且長期目標的人，25 年來，一直朝着當初的目標努力，幾乎從未改變過，並且經過這 25 年的時光，他們有的成了成功的創業者，有的成了行業中的領袖，有的成了社會精英……總之，他們都成了社會各界頂尖的成功人士；當年 10% 有清晰但短期目標的人，

25 年後，他們中大多都生活在社會中上層，從事工程師、律師、醫生等職業，是各行各業不可或缺的專業人士，他們不斷達成短期目標，由此生活狀態也在不斷穩步上升；當年 60% 目標模糊的人，25 年後，他們大多生活在社會中下層，沒有突出的成績，僅是平淡、安穩地生活或工作；當年 27% 沒有目標的人，25 年中，幾乎一直都生活在社會的最底層，不管是生活還是工作，都顯得很不如意，甚至需要依靠社會救濟度日。

這個長達 25 年的調查研究結果告訴我們：不管當初你多麼優秀，如果沒有清晰而明確的目標，最終都將一事無成；而有清晰目標的人，則一直都能朝着目標努力，最終都能成為成功人士。這就是美國管理學家約翰·卡那提出的目標效應。

愛默生說過一句非常經典的話：「一個人只要知道自己去哪裏，全世界都會給他讓路。」現在問問自己，我們是不是馬上就能說出自己的目標呢？是不是非常清楚自己要甚麼呢？如果還不能，那就馬上停下手頭的事情，立即思考一下自己的目標到底是甚麼。一旦確立了目標，你會發現你的人生開始變得有意義，並且你更願意為此做出改變，具體如下。

1 有良好的自我暗示，會以積極的心態投入工作實現目標。

2 主動約束自己不分心，一心做正確、有意義的事，讓行動很有效率。

3 心甘情願為目標付出努力，工作和生活更有激情，不畏困難、艱險。

4 積極主動尋找實現目標的機會，更易實現人生價值。

那如何才能確立目標呢？這就要做到以下幾點，來尋找和建立人生的目標。

給自己適度製造一些焦慮

對自己的狀態不滿意，對現狀不滿意，卻也說不出到底自己想要甚麼……此時其實就是對自我否定的時段，意識到自身存在問題，但迷茫，沒有方向，此時不妨人為製造一些焦慮。焦慮本身就是一種自我保護、自我進化的機制，是對自我的一種有益提醒，到底在為甚麼而活？在為甚麼而工作？在為甚麼天天擠地鐵、做「苦工」？……只要不過度焦慮，或者不一味沉湎於無效焦慮中，你就能從焦慮中得到進化，找到解決問題的辦法，讓你的前路變得越來越清晰。

摒棄「依賴心理」

在沒有目標時，人們都想馬上有個高人或貴人能幫自己「指點迷津」，帶來一盞明燈照亮前進的路，這本身就是一種依賴心理，試圖指望他人替自己找到答案。高人或貴人或許真的有，即使遇到了，也僅能給予一些點撥、一些啟發，人生的目標和意義是必須自己來找的，只有我們的自我覺知才能真正撥動內心「我想要甚麼」的弦。

不斷自我尋找和重新定位

找尋目標的確不是件很容易的事，此時个妨從最簡單、最直接、最有效的判斷標準做起──做甚麼可以讓我快樂！

不過，快樂會隨着人生的變化而變化，其內涵和外延都是一個階段性的變量。比如剛大學畢業時，可能寫一本書就能給你帶來很大快樂，因此你為此非常努力。但是當書寫出來後，那種寫書的快樂就會漸漸消退，此時就要尋找新的快樂，而尋找快樂的過程，其實就是不斷自我尋找和重新定位的過程。

這個過程中，最重要的事情就是做好當下每一件讓你快樂的事，同時，要將當下與未來三年、五年、十年，甚至更長時間聯繫起來，看它是不是能給未來的這段時間帶來積極的影響。比如，當下最吸引你的就是中醫知識；那麼，你將大量精力投入學習、研究中醫知識的同時，有沒有想過未來幾年想要通過中醫治病救人呢？是不是以後的每天都想與中醫、中藥、患者為伍呢？如果是，你的目標基本就明確了；如果不是，那麼肯定還有更讓你迫不及待想要去做的事情。總之，在不斷地自我尋找和重新定位中，目標就會清晰浮現出來。

為自己寫墓誌銘

　　墓碑很小，上面只能寫寥寥數語，但對於尋找目標的人來説足夠了！因為這寥寥數語正是你最想去做的，而這也正是你的人生終極目標。不一定非得是改變世界的偉人，可以是嚐盡天下美食、閱盡天下美景的美食家、旅行家，可以是個好父親、好丈夫、好母親、好妻子，可以是保護地球的志願者，可以是有獨特美妙歌聲的歌手，可以是傳播知識的園丁，可以是主持公平、公正的法官……關鍵就是看你最想在墓碑上留下甚麼。

　　人生的目標和意義不會等着我們去發現，而是需要我們主動去尋找和建立的，它是向內探索尋找的過程，又是自我建立和賦予的過程，在我們還沒有找到它之前，更需要的是我們的耐心，直到真正找到那條整個世界都在為我們讓開的路。

洛克定律 • Locke's Law

10 目標重要，實施目標的步驟更重要

美國管理學兼心理學教授洛克通過研究發現，當目標有一定的指向性和挑戰性時，是最有效的。

這就是洛克定律。它告訴我們，設置目標固然重要，但有具體方向的適合自己的目標，以及有具體的實現目標的步驟更為重要。

在每個人的成長道路上，都不會缺少目標，但有些人通過努力實現了目標，有些人卻沒能實現目標，這其中的原因大多就在於目標設置得不合適，或者實現目標的步驟不明確。下面我們就來具體看一看。

甚麼是合適的目標

每個人都有自身無法讓別人模仿的優勢和特點；因此，在設置目標時，並不是愈高愈好，而一定是適合自己的，然後在自身優勢和特點的基礎上，去制定實現目標的步驟，這樣才能讓自己更快、更順利地成長，也更易讓自己達成目標，獲得成功。

那麼，甚麼樣的目標才是合適的目標呢？按照洛克的說法，可以從以下兩個因素分析。

1 **目標的具體性：** 是不是看得清、夠得着。

2 **目標難度：** 完成目標的難易程度自己是不是能接受。

也就是說，目標有具體的指向，清晰明確，並且是自己通過努力就能夠達到的、完全可以接受的，就是合適的目標。

實施目標的步驟

在了解了甚麼是合適的目標以後，就要制定實施目標的步驟了，我們也可以稱其為實現目標的「規劃思維」，有了這種思維，想要成功實現目標就有了清晰的行進路線了。那到底在實施目標時需要經歷哪些步驟呢？（圖 2-1）

圖
2-1　**實施目標的步驟**

第**1**步
明確目標

第**2**步
確定目標
實現條件

第**3**步
滿足條件
的方法

第**4**步
分解量化

第**5**步
優化計劃

通過以上五步，我們看到在實施目標的過程中需要五個關鍵步驟，接下來，我們就具體來説説每一個步驟。

▪ 第一步：明確目標 ▪

明確目標，也就是明確你想做甚麼、想成為甚麼樣的人、過甚麼樣的生活等。前面我們説的寫墓誌銘，其實質就是在明確目標。當然，在明確目標時一定要注意是適合自己的，不可不切實際。

在確定自己的目標時，不少人可能會感到迷茫，不知道自己到底想幹甚麼、能幹甚麼，此時最忌諱的就是着急、緊張，最需要的就是花上一點兒時間和精力，深挖自己內心深處最嚮往的東西。或許是一種工作，或許是一種生活方式，這個深挖的過程非常重要，但不管怎麼説，內心深處的嚮往一定是最吸引你欣然前往的地方。

▪ 第二步：確定目標實現條件 ▪

確立了目標，接下來就要明確達成目標需要滿足的條件，也就是説，如何才能讓自己的想法通過行動變成現實。

如果你在確立了目標之後，還無法將達成目標的條件、要求等列得清晰、完整，可以到網上搜一下相關的資料，也可以向有關方面的專家等請教。

▪ 第三步：滿足條件的方法 ▪

確立了目標，也明確了達成目標所需要的條件，那麼接下來就要滿足這些條件了，即開始行動！這一步是整個目標實施過程中最重要、最關鍵的一步——必須有具體的、可實施的辦法。

還是舉例來說，小明大學畢業後先是到一間公司工作了兩年，但他的志向是做一名真正能夠為群眾做實事的公務人員；因此，他準備考公務員，也了解了報考條件，於是便開始為公務員考試做準備：去書店購買了與公務員考試相關的書籍，報名學習了公務員的課程，同時他還每週都做三套模擬試題進行演練等。

在行動過程中，還要針對目標不斷進行自我反思，比如距離目標還差甚麼，如何在之後的行動中去彌補等，以找到最適合自己達成目標的方法。

▪ 第四步：分解量化 ▪

為實施目標制訂了行動計劃，雖然有些人也行動了，但最終還是漸行漸遠；究其原因，很多是沒有注意行動計劃的「有效性」，也就是在實現目標的過程中不懂分解量化。

怎麼分解量化而讓行動計劃有效呢？

可以採用業界通用的「SMART」原則，即英文 Specific（具體）、Measurable（可衡量）、Attainable（可行性）、Relevant（相關性）、Time-based（時間期限）的縮寫。在這一步中，最重要的就是要關注 Time-based，也就是時間期限，即在甚麼時間、完成目標到甚麼程度。

舉個美女減肥的例子，美女想要在一週內減 1kg 體重，這就是對目標的一個量化。

具體的分解量化方法，我們在後面的節點中會有詳細的內容呈現給大家。

▪ 第五步：完善計劃 ▪

在實施計劃的過程中，通過量化，達到某個時間點時，要及時做反饋，看完成的效果是否達到了預先制定的目標，是沒有達到，還是超出了預期。根據反饋不斷地完善行動計劃。這一點我們在後面也會詳細說到。

以上五個步驟適用於我們所有的生活和工作，學會用這種思維指導我們的工作、生活，我們定能獲得成功的人生。

11 跳蚤效應 ● Fleas effect
不畫地為牢，
你可以跳得更高

生物學家做了一個有趣的實驗：他找來一隻跳蚤
和一個敞口玻璃杯，並將跳蚤放入杯中，跳蚤很
容易就從玻璃杯中跳了出來。然後他再把這隻跳
蚤放到一個加蓋的玻璃杯中，結果因為一次次跳
起一次次撞壁；最後，這隻跳蚤竟根據瓶蓋的高
度來調整自己所跳的高度了。當一週時間過去，
生物學家取下瓶蓋後，跳蚤依然沒再跳出來。

　　心理學家將這種因為調整了高度就不再突破的現象稱為「跳蚤
效應」。它告訴我們，在給自己設定目標時，一旦確立了高度，並
且適應了它，就不願意再改變。

生活和工作中，不少人就像這隻跳蚤一樣，給自己的人生設了限，不去追逐更高的夢想，不是沒有能力，而是在心裏給自己設置了一個「固定高度」；然而，這個「固定高度」往往會限制人們成長的思維和高度。

　　我們內心深處都潛伏着巨大的能量，這些能量需要有一個高目標激發、喚醒。美國行為學家 J. 吉格勒提出過這樣一個觀點：設定一個高目標，就等於達成了一部分目標。有許多人一生無所建樹，不是因為他們的能力不夠，而是因為他們給自己定的目標不足以將他們全部的潛能都釋放出來。

　　很顯然，給人生目標設限，就是給自己設了限，它會給我們帶來以下幾個方面的負面影響。

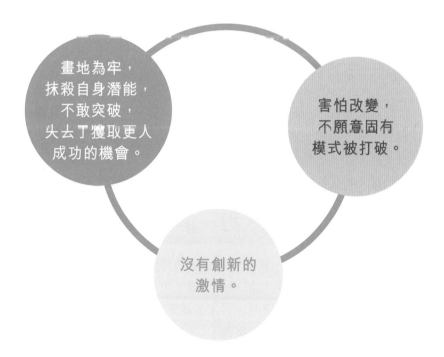

　　無論是畫地為牢，還是害怕改變、沒有創新的激情，都會阻礙人的成長。只有敢於突破，才能換來精彩人生。

就如美國著名影星史泰龍，他從小因為生活環境的原因，常被人們叫作「小混混」，很長一段時間，他就真的認為自己是「小混混」。可是，隨着他的成長，他突然意識到不能以「小混混」的身份混一生，他要改變，要成功。

沒有學歷、文憑、技術、金錢的他，在想不出任何出路的時候，他想到了當演員。當然，無論是外貌，還是專業、經驗，他都不符合演員的條件，也不具備演藝天賦，於是他無數次被拒絕。但是要突破、要成功的信念驅使他一次次去找導演、找製片人……最終，在被拒絕了 1200 多次後的一天，一個曾拒絕他 20 多次的導演給了他一個機會，也正因為這個機會，讓他後來成了荷里活當紅演員。

其實，生活中，能夠突破自己設的限制做出改變的人並不多，但想要人生高度更進一步，就必須打破心理枷鎖，突破自己設的限制。那麼，我們又該如何去突破自己呢？

進行自我剖析

想要突破自己，首先要全面剖析自己，弄清楚自己到底具備哪些優勢、哪些劣勢，哪些需要學習加強，哪些需要摒棄，哪些必須做出改變。可以參照周圍的人，也可以參照心中的「另一個自己」，讓自己首先能直觀地認識自己，同時大致有一個嘗試、突破的方向。

設定一個高目標，但一定要清晰

對自我剖析完成後，就要下決心成為那個樣子了，也就是需要開始設定目標了。目標可以設得高、遠，可以是準備通過五年、十年實現的目標，但一定要清晰，否則很難堅持到最後。

這裏給大家舉一個真實的案例。

1952 年 7 月 4 日的清晨，加利福尼亞海岸被濃霧籠罩着，34 歲的弗洛倫絲·查德威克正在海岸西邊的卡德林那島上，準備涉水進入太平洋，向對面的加州海岸游過去，若能成功，她將是游過這個海峽的第一位女性。而在此之前，她已成功游過了英吉利海峽，

並且是世界上第一位游過此海峽的女性。

　　除了有濃霧，海水還很冷，她的身體被冰冷的海水刺得發麻。時間一點點過去了……15 個小時後，她覺得她不能再游了，於是便叫人將她拉上船去。而另一艘船上，她的母親和教練告訴她加州海岸已經很近了，再堅持下就能成功游過去了，可她抬眼望向加州海岸，除了濃霧甚麼都看不見。她放棄了——距離目的地只有半英里時，她放棄了！後來當她得知這一消息後，她說：「打倒我的不是疲勞，不是刺骨的冰冷海水，而是濃霧中看不到的目標。」弗洛倫絲‧查德威克一生中只有一次放棄，就是這次。兩個月後，她再次游這一海峽時，她成功地游了過去。而那天，沒有濃霧，加州海岸清晰可見！

　　弗洛倫絲‧查德威克的例子恰恰就說明了目標一定要清晰，看得見的目標才更有動力去實現。

準備行動方案並開始行動

　　有了目標，就要朝着目標開始行動。但是短期目標還好說，對於長期目標來說，尤其是五年、十年，甚至更長時間的目標，要想達成它，除了努力以外，更多的還是不忘初心、始終堅持的意志力。這個過程很漫長、很辛苦，也很容易摧毀人的意志力；所以，需要提前準備行動方案，可以將長期目標和短期目標相結合。比如可以擬訂一個計劃，設想一年內達到一個甚麼高度，第二年在此基礎上，再達到一個甚麼樣的高度，讓每一年都是新的一年，這樣就可以讓自己一直有進步。而且這種短期目標的達成會帶來成就感和滿足感，它們會轉化成繼續邁向更高高度的動力。

　　畫地為牢的人生終歸是乏味的，只要生命不老，我們就不會停下前進的步伐。

蔡加尼克效應 • Zeigarnik effect

12 增強目標感，別讓你的努力半途而廢

心理學家蔡加尼克在 1927 年做過這樣一個實驗：他找來一批受試者，將他們分為甲、乙兩組，同時演算一道數學題。其間，蔡加尼克讓甲組受試者順利完成了演算，而中途下令停止了乙組受試者的演算，接著分別讓兩組回憶剛才演算的題目。回憶中，乙組受試者對演算題目的記憶明顯優於甲組，因為未完成的不爽深刻地留存在了乙組受試者的記憶中，一直放不下；而已完成的甲組受試者，「完成欲」得到了滿足，反而對演算題目沒太多印象了。

這種解答未遂、深刻留存於記憶中的心態就被心理學家稱為蔡加尼克效應。

有關蔡加尼克效應還有一個小故事，說的是一位作曲家愛睡懶覺，妻子為了讓丈夫早點起床，便在鋼琴上彈出了一組樂句，但只彈了頭三個和弦，最後的和弦沒有彈出。睡懶覺的作曲家聽到這個不完整的樂句心裏非常不爽，於是馬上從床上爬起來將最後一個和弦彈完了。

這個小故事也說明了蔡加尼克效應有迫使一個人一定要完成某件事的作用。而對於一些人來說，推動工作完成的驅動力，恰恰就是蔡加尼克效應。不過也有一些人，他們會走向兩個極端，或者拖拖拉拉永遠也完不成某事，或者一口氣將事情做完。這也導致蔡加尼克效應容易讓人走入兩個極端：一個就是驅動力過強，有「不到黃河心不死」的偏執，面對任務一定要一口氣完成，其他任何事情都不在意；另一個就是驅動力過弱，拖拖拉拉，時常半途而廢，永遠也無法完成一件事。

我們自然不主張過分強迫，當然更不願意看到做事拖拉，這對於目標的達成無疑是極其負面的，白白浪費了時間和精力不說，既定的目標永遠不能實現，人生的價值完全體現不出來。面對這種情況，我們就要讓我們的目標感增強，不讓自己的努力半途而廢。而且目標感強的人，在生活和工作中，對壓力的反應更具彈性，更容易獲得成功和幸福。具體該怎麼做呢？下面幾點方法供大家借鑑。

增強目標驅動力

驅動力不足，人們就會慢慢放棄目標；為了完成目標，按照原來既定的航線繼續前進，就要增強驅動力。具體增強方法如下。（圖 2-2）

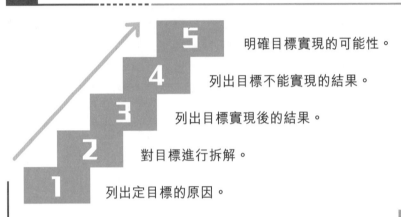

圖 2-2 增強目標驅動力的方法

5 明確目標實現的可能性。

4 列出目標不能實現的結果。

3 列出目標實現後的結果。

2 對目標進行拆解。

1 列出定目標的原因。

針對目標列出至少 10 條原因，寫出為甚麼當初定這個目標。

拆解目標，明確短期目標、中期目標、長期目標各是甚麼。

若目標達成了，會發生甚麼，得到甚麼。

若目標未能達成，會產生怎樣的結果，對你的人生有怎樣的影響。

目標實現的可能性有多大，其中的主要阻力是甚麼，能不能通過努力去克服。

將以上諸多項目列出來的目的就是為了強化目標感。

將目標圖像化

以文字的形式來記憶目標，效果是很弱的，記憶也難持久；但如果將對目標的描述從文字轉化成具體的圖像，讓它時常出現在大腦中，則會對目標的記憶既深刻又長久。比如你想購買一套屬自己的房子，如果僅是以文字的形式出現在腦中，沒有具體的形象，它的激勵作用可能就會弱很多；但如果腦中總是出現你理想中的房子的整體形象，甚至房間的溫馨佈置、修剪整齊的花園、陽光灑下來

的陽台⋯⋯那麼，為此而努力的動力是不是更強呢？

也可以通過手繪或圖片的形式，將自己的目標描述下來，貼在房間最醒目的地方，每天都能看到它，這樣目標感會一直很強。

記錄目標

與轉化成圖像不同的是，記錄目標還是要將目標文字化，只不過是將大腦中的記憶謄寫在本子上，每天晨起都將目標在本子上寫一遍，以重複提醒自己。也可以設置手機提醒，每天都讓自己看到想要實現的目標。

走出舒適區

很多人步入舒適區就不想再前行了，結果導致目標總也無法實現，一拖再拖，結果目標越來越遠，甚至到最後完全忘記了當初自己為甚麼出發。因此，不要讓自己在舒適區待太長時間，可以通過加強恐懼感來幫助自己走出舒適區。比如被他人拋離了很多、生命隨時可能發生意外、養老問題還沒有解決等，進而由內激發前進的動力，加強目標感。

有目標就努力去實現，畢竟有所成要比一生碌碌無為有意義得多。

布利斯定律 • Bliss's Law

13 有計劃的行動 更容易到達終點

美國行為科學家艾德・布利斯找來一些學生，將他們分成三組進行不同方式的投籃技巧訓練。

第一組學生：連續 20 天內每天都進行實際投籃練習，並記錄下第一天和最後一天的成績。

第二組學生：20 天內不做任何練習，同樣和第一組一樣記錄下第一天和最後一天的成績。

第三組學生：在 20 天內，每天只花 20 分鐘想像投籃，當投籃不中時，他們也會通過想像做出相應糾正，他們也記錄下了第一天和最後一天的成績。

實驗結束了，結果表明，沒有任何練習的第二組絲毫沒有進步；每天都進行實際投籃練習的第一組，最終成績比第一天提升了 24%；而每天想像 20 分鐘投籃的第三組，最終成績提升了 26%。

由此布利斯得出結論：行動前對要做的事情進行梳理，構想出進行當中可能會出現的每個細節，然後做出相應的計劃方案，並將它們深深刻於腦海中，在實際行動的時候會更得心應手。而這一實驗現象也被稱為「布利斯定律」。

布利斯定律告訴我們，事前做計劃非常重要，如果沒有計劃，行動很可能會變成一盤散沙。特別是我們想要實現既定的目標時，若沒有計劃，即使再輕鬆、簡單的目標，也可能會走不少彎路。

安東尼·羅賓斯，這位美國著名的成功學大師提出過一個有關成功的萬能公式。（圖 2-3）

圖 2-3　成功的萬能公式

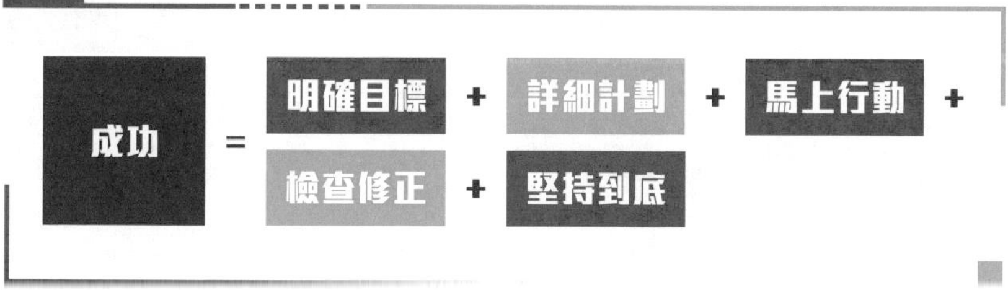

成功 = 明確目標 + 詳細計劃 + 馬上行動 + 檢查修正 + 堅持到底

由這個公式我們也能看出，在明確了目標的前提下，有詳細計劃對實現目標獲得成功的重要性。一家研究機構曾通過實驗得出這樣的結果：行動前制訂計劃的人，比從來不制訂計劃的人，成功率提升了 3.5 倍；成功實現目標的人，高達 78% 的人都會事先制訂計劃；始終堅持計劃的人實現目標的概率為 84%，開始有計劃，但中途改變計劃的人實現目標的概率在 16%。有計劃的目標是明確的，因此，在我們確定目標之後，一定要為達成目標制訂詳細的計劃，並且在行動中，一旦發現目標偏離初衷，要根據計劃及時糾正。

很多人在行動中總說時間太緊張，根本沒有時間為實現目標做計劃，那就錯了！從此刻起，不管是為了完成一天的工作，還是實現一生的理想，都要拿出足夠的時間來做計劃，有計劃去實現目標，將為我們節約大量的成本和精力。並且在制訂計劃的過程中，要注

意短期計劃、中期計劃、長期計劃相結合，同時在行動過程中不斷修正計劃。

制訂短期計劃

短期計劃，最好在半年內，一個季度、一個月，甚至是一週，然後再具體到一天當中。制訂短期計劃時，具體需要以下三步驟。（圖 2-4）

圖 2-4 　短期計劃的製訂步驟

第1步
確定將要完成的工作。

第2步
將所有的工作按輕重進行排列，先完成重要的，再完成次要的。

第3步
將工作提到每天的日程中。

具體計劃的呈現，可以根據個人的喜好，可以藉助日曆進行標注（市場上很多日曆都具備記事功能，有專門記事的空白頁）；也可以採用計劃表格的形式，將計劃詳細列出來，逐項去完成。

制訂中期計劃

中期計劃一般是半年到一年的計劃，根據目標的大小及達成的難易程度來定。中期計劃一般是用來提升自己個人能力、收入水平、生活水平和工作表現等的計劃，比如在工作表現方面，準備積累多少客戶，達到多少銷售業績，經過一年的努力，爭取收入達到一個甚麼樣的水平等等。

中期計劃相對短期計劃來說時間較長，而且比較機械化，不夠靈活，不能總是變來變去，否則只能是時間過去了，自己卻一事無成。

為了讓中期計劃實現起來不那麼枯燥，可以採取不斷複盤的辦法。比如一個月過去，看看這個月有了哪些進步、成長，有哪些是每天都在重複做的，這些重複做的事情是否對實現目標有重要幫助。如果沒有作用，那麼之後的時間內，就直接將其忽略掉；如果有作用，但不大，則要及時改變方法，提升重要性，避免重複。

制訂長期計劃

一年以上的計劃都可以稱為長期計劃。長期計劃要實現的是遠期目標，時間更長，要結合短期計劃和中期計劃逐步實現。比如一個普通的會計師想要考註冊會計師資格證，那麼，可能需要在一年多、兩年內或更長一段時間來通過每一項考試。

短期計劃和中期計劃在制訂時，也要結合長期計劃。

不斷修正計劃

計劃是死的，但人是活的，在執行計劃的過程中，一旦發現計劃與目標差距太大，就要及時修正調整了；否則一條道走到黑，帶來的很可能是巨大的打擊，乃至對生活失去積極性和信心。

在修正計劃時可以採用以下兩種形式：

第一種：徹底推翻原來的計劃，根據當時的實際情形重新制訂計劃。比如原來的計劃與自己的性格、興趣、擅長的領域等嚴重背離，此時就要改變計劃，重新制訂，包括目標的重新確認。

第二種：在原計劃的基礎上調整。一個是不改變原計劃，而改變執行計劃的方法。另一個是調整目標，目標過高，超過個人能力範圍，會打擊積極性；目標過低，很容易就實現，又缺乏誘惑力。

總之，確認目標，在開始行動前，一定要用心制訂計劃，有效的計劃會讓人生更高效、成長更快、成功的概率更高。

二八定律 • Pareto principle

14 把時間和精力用在 20% 的關鍵事情上

意大利經濟學者帕雷托，在一次偶然的機會，發現 19 世紀英國人的財富和收益模式是存在一定規律的。於是他經過進一步調查取樣，確認了自己的發現，那就是大部分的財富掌握在了少數人手裏。同時，他還通過資料發現，其他國家一樣存在這樣的規律，且在數學上呈現出穩定的關係。最終，帕雷托依據大量具體的事實表示：社會上 20% 的人佔有 80% 的社會財富。

這也是著名的「二八定律」的由來。其實，不僅在財富的擁有上存在這種現象，在生活的各個方面都存在這樣的不平衡關係；比如一家公司，其 80% 的利潤來源於 20% 的重要客戶，20% 的人掌握着公司 80% 的核心資源。當然，20%、80% 這兩個數字精確出現的概率非常小，但這並不影響這種不平衡性。

具體到我們每個人的目標來說，一樣可以借鑑「二八定律」，比如我們對時間的把握、對精力的分配。不少人在工作、生活中經常會遇到一些瑣碎、雜亂的事情堆在一起的情況，被搞得焦頭爛額不說，還會耗費巨大的精力和時間。不但無法將工作做好，還影響個人的成長。有道是「打蛇打七寸」，只要我們懂得按照事情的輕重緩急來處理，找到最有價值、最重要且最緊急的事情，然後將主要精力和時間用在這部分事情上，就能得到事半功倍的效果。那麼，如何找到這 20% 最為關鍵的事情呢？這裏就為大家推薦麥肯錫思維。

在說麥肯錫思維之前，我們先來看看一般人處理事情的思維習慣。

一般人處理事情的思維習慣

很多人在工作中會依照以下的思維習慣來決定做事的優先順序。（圖 2-5）

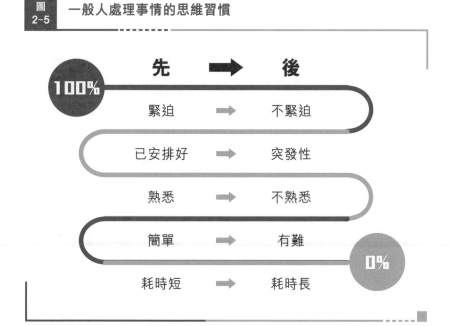

圖 2-5　一般人處理事情的思維習慣

乍看，這樣處理事情也沒有甚麼不妥的地方，大家平時是不是就是按照這樣的思維來處理事情的呢？每天將 80% 的精力和時間，用於處理緊迫的事情上。低效能的人幾乎都是這樣做的，認為緊迫的事情是最重要的，應該首先去處理。

這就導致每天的工作可能都在圍繞緊迫的事情進行着：

最緊迫的事情，必須馬上做；

比較緊迫的事情，應該做；

不太緊迫的事情，可以做。

如果總是被緊迫的事情牽着，就很可能會造成一個現象：重要的事情被延後，因為很多重要的事情可能並沒有看起來那麼緊迫。比如涉及身體健康的體檢，很多人認為體檢並不着急，所以常常無限期延後；但是，身體健康對於一個人來說肯定是最為重要的，很可能因為體檢無限期延後而導致一些小毛病「長」成了大問題。這種總是盯着緊迫的事情去做的人，往往讓目標的達成也變成了無限期的。

追求高效工作的成功者是不會單純依據事情的緊急與否來做事的，他們會按照事情的重要程度編排優先次序，弄清楚了哪些事情最重要，哪些事情次要，哪些事情不重要，然後開始行動。

如何衡量一件事情到底是不是重要的呢？這就要看它對實現目標的貢獻和價值大小了，貢獻大、價值大，則重要，要優先去做；貢獻小、價值小，則不重要，延後去做。

時間管理四象限法則

當然，單純看是否重要還不行，還得結合緊迫與否，畢竟緊迫的事情也要先做好。在這種情況下，我們還要一起來看看美國第 34 任總統艾森豪威爾發明的一個「十字法則」，也就是著名的時間管理四象限法則，這一法則非常受高效能人士及管理人士的推崇。艾森豪威爾一生擔任了很多角色，事務非常繁雜，但是他通過根據事

情的輕重緩急自創的四象限法則實現了高效管理。

下面我們根據坐標圖來具體展示一下四象限法則，縱軸表示重要，橫軸表示緊迫。（圖2-6）

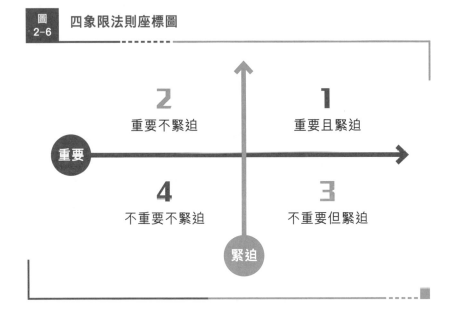

圖
2-6 四象限法則座標圖

2 重要不緊迫

1 重要且緊迫

重要

4 不重要不緊迫

3 不重要但緊迫

緊迫

接下來我們就按照四象限法則具體跟大家一起來學習一下。

首先，重要且緊迫的事情

重要且緊迫的事情就是當前必須完成的最重要、最急切的事情，也就是「當務之急」。這類事情可能比較瑣碎，但很可能是實現目標的關鍵環節，是比其他事情更值得優先去做的關鍵事情，要沒有任何遲疑地去做，並且堅持到底。

舉個例子來說。喜歡籃球的人，一定非常了解 NBA 男籃職業聯賽的水平，任何一個球隊，想要拿到賽季總冠軍都極其不容易，即使像擁有居里、杜蘭特這樣頂級明星的勇士隊也一樣。而在爭冠過

程中，球隊裏幾乎沒人不帶傷，但是對於一支努力了一年的球隊來說，沒有甚麼比奪冠更重要的事情了，而且這也是緊急的事情。因此，只要不會因為傷情影響到職業生涯，隊員一般都會將受傷之事放在比賽後面，或者簡單讓隊醫處理一下，等比賽結束後再進行進一步檢查、治療。

重要不緊迫的事情

事情重要，是直接關係到下一步工作，或者直接影響到目標實現的事情，但並不是必須立刻就得做的事情。比如，上例中 NBA 球員受傷的問題，如果是輕傷，隊員們就會將它看成是重要但不緊迫的事情。就拿 2018~2019 賽季的西部半決賽的火箭隊和勇士隊來說，先是居里手指受傷，接著哈登眼睛受傷；但在這種關鍵的比賽中，他們都是做了簡單處理後，又重新回到了比賽，直到整場比賽結束。

生活和工作中，這樣的事情還有很多，比如為自己買套房子，重要，但是因為現在有住所，所以不緊迫，可以等到有一定的經濟實力後再入手。還有，為了提升對知識的掌握量，需要多讀幾本書，這個事情就很重要，但並不急在一時半會兒，可以將手頭重要且緊迫的事情處理完後，再來做這件事。

在對待這類事情時，要注意主動性和自覺性，要認真對待，不能因為不緊迫就無限期推遲。

不重要但緊迫的事情

這樣的事情在工作和生活中經常會出現，比如你正在被手頭的工作搞得焦頭爛額的時候，從來沒到過你所在城市的同學打電話給你，讓你去接他，並且要你幫他安排接下來幾天的食宿和行程。這件事對你來說就算不上重要，可是緊迫，不能等過幾天再幫同學安排。但是，一旦幫他安排了，就要耽誤工作，同時還得耗費你不少的時間和精力。

所以，建議針對不重要但緊迫的事情，若與自身的目標或當下的工作、生活等無關，要學會拒絕。

不重要不緊迫的事情

生活和工作中，不重要、不緊迫的事情很多，比如玩遊戲、看電視等，或者上班期間與同事聊天等，這些事情可以起到一定的緩解疲勞的作用；但如果一味沉迷於此，無疑會大大損耗時間和精力。因此，面對不重要、不緊迫的事情時，建議還是不沉迷、不荒廢，可以有，但要適度。

現在我們就明白了如何將時間和精力用在關鍵的 20% 重要且緊迫的事情上，從此刻開始就按照這一法則去做，可以加速我們實現目標。

不值得定律 • Unworthy Law

15 學會改變，讓不值得的事情變得值得

對一件事情，如果自認為不值得做，那麼不得已去做了，也會對其敷衍了事。這種心浮氣躁的態度，在心理學上被稱為不值得定律。

不值得定律告訴我們：如果你打內心深處就認為一件事不值得做，那麼註定無法將它做好。那甚麼是不值得的事情呢？不符合自身的價值觀、個性與氣質，讓人看不到希望的事情，就是不值得的事情。

在生活中，有不少人一直在一些不值得的事情上消耗着時間和精力，以至於距離自己當初的理想和目標越來越遠。這樣的人生不但很難成功，就算成功了，也很難有滿足的成就感。比如想做銷售，卻每天在電腦前敲鍵盤碼字；想做研發，卻被安排在了銷售崗位。

諸如此類的情況，都會讓人不舒服、彆扭、壓抑、糾結、不幸福等。就像李奧納德·伯恩斯坦，他不可謂不成功，可他並不覺得幸福。

自從被發現有指揮天賦後，伯恩斯坦就成了紐約愛樂樂團常任指揮，同時一舉成名，在近 30 年的指揮生涯中，他個人甚至帶有紐約愛樂樂團名片效應的作用了，然而他最愛的卻是作曲。他在作曲方面非常有天賦，創作出了一系列不同凡響的作品，在開始指揮之前，他幾乎成了美洲大陸的一位作曲大師。在指揮期間，創作的慾望總在撞擊和折磨着他，他也依然會利用閒暇時間作曲，可是作曲的活力和靈感再也沒有了，這讓他備受折磨，內心裏有着無人能懂的遺憾和痛苦。

伯恩斯坦的經歷就告訴我們，真正從內心認為值得去做的事情，才會全力以赴去做，同時會讓身心愉悦，在成功之時才有十足的滿足感、成就感、喜悦感，但如果一直在從事不值得的事情，就算是成功了，也無法讓自己心安、幸福。

具體來說，每天做不值得的事情，會產生以下一些弊端。

> 耗費時間、精力在不值得的事情上，重要的事情則無力完成。

> 浪費資源，將資源浪費在不值得的事情上，就無法用於重要的事情上。

> 一旦被不值得的事情牽着走，就會違背自己，習慣它。

> 不值得的事情沒完沒了，且不斷提供繼續做的理由。

雖説不值得的事情會耗費我們太多的時間和精力，但是現實生活中還是不乏為不值得的事情做了很多年的例子。所以，有人説：「有些人 25 歲以後就死了，卻直到 75 歲才被埋葬。因為 25 歲以後他們進行的都是『不值得』的人生，但卻依然重複了 50 年。」所以，當自己意識到自己所做的事情與自己的目標相背離，屬不值得的事情時，就要及時改變，不與不值得的事情繼續糾纏不清，果斷將精力和時間轉移到值得做的事情上去。為此，就要做到以下幾點。

樹立正確的世界觀、價值觀

正確的世界觀、價值觀，會幫助我們客觀地看待事情，幫助我們理性地分析值得與不值得的問題，會讓我們想到他人、社會、公平與正義等，不會凡事都只會想到自身利益的得失等。有了正確的世界觀、價值觀，我們對待事情的態度就會轉變，從而對待事情的行為就能由消極向積極轉變，行為有所轉變，其結果也就跟着改變了。

不斷充實自己

活到老學到老，人生是在不斷學習、不斷提升、不斷充實自己的過程中進行的，隨着人生閱歷的不斷豐富，知識的不斷積累，自身的辨識能力會不斷增強，此時在看待事情時就能越來越清晰，能夠正確分辨到底哪些值得做、哪些不值得做，不值得做的事情要果斷放棄，絕不讓它們再成為人生成長的累贅。

多聽取他們的建議、意見

任何人都有自己看不到、想不到的地方，平時多聽聽他人的建議、意見，多看看周邊人的行事風格，多想想自身存在的問題，能減少對事物的判斷失誤，以避免過分不值得現象出現。

換位思考

「旁觀者清，當局者迷」，置身其中，一個人很難看清事情的是非曲直，若換個角度，以他人的目光來看待事情，可能就會有不一樣的看法，或許會讓我們多一些理解和包容，或許也能讓我們更全面、周到地看問題，當初我們認為的不值得的事情或許正是通往我們最初夢想的地方，也或許讓你馬上摒棄這些不值得的事情，置身於真正值得做的事情中去。

其實，在分辨值得與不值得的事情時，我們還可以參考前面我們提到的「四象限法則」，真正弄清楚到底哪些是重要的事情，是必須馬上完成的事情；根據這一法則也能讓我們明確到底哪些是值得做的事情，哪些事情並不值得讓我們耗費大量的時間、精力。

目標置換效應 ● Goals replacement effect

16 不要讓高明的手段 迷惑了目標

在管理學上，有個詞叫「目標置換」，指的是在達成目標的過程中，因為對「如何完成目標」過於關切，導致完成目標的方法、技巧、程序等佔據了一個人的心思，反倒使人忘記了初衷，忘記了這些都是為最終的目標服務的，讓「工作如何完成」代替了「工作完成了沒有」。

美國管理學家約翰‧康納在一項調查研究中發現，在所有影響目標達成的因素中，67% 以上的都是與目標置換因素相關的，由此可見，目標置換對目標達成的影響力之大。

生活中有目標、有理想的人比比皆是，但真正實現目標、理想的人卻寥寥可數，為甚麼會這樣？在多種多樣的原因當中，目標置換就是影響比較大且比較普遍和典型的一種。

舉個例子，秦浩是某公司的銷售人員，為了搞定一個比較難纏的客戶，他耗費心神制定了多種方案，並決定一種方案不成功就換另外一種；結果他的方案都用上了，還是沒能將這個客戶拿下。而他的同事僅在一次拜訪的機會中就搞定了客戶。後來他才知道，這位同事沒有準備過多的方案來「對付」客戶，而是開門見山，直接進入促成環節，沒想到，客戶就真的簽了訂單。此時他才意識到，他將主要精力都花費在了制定方案環節，卻忘記了這些方案都是為了最終的促成目的服務的，他差的就是這「臨門一腳」。

像秦浩這樣，過於注重方案的設計，卻忘記了方案是為促成目的服務的，結果幾次都沒能成功。這就是典型的目標置換問題。

那為甚麼在實現目標的過程中會出現目標置換的問題呢？原因在於客觀和主觀兩個方面原囚：

▪ 客觀原因 ▪

1 目標不明確，方向感缺乏，數量、質量、時限等比較籠統。

2 目標過高或過低。

3 目標實現週期過長。

4 實現目標過程中出現了意料之外的事情，分散了注意力。

1 錯誤理解了目標，自己的行為偏離了既定目標。

2 思維僵化，不敢創新、改變。

3 實際操作能力太低，缺乏達成目標的手段、方法。

4 在目標實施過程中，沒有及時通過反饋調整、糾正。

為了避免在實現目標的過程中南轅北轍，讓自己的行為與初定的目標越來越遠，就要及時發現和矯正實施目標過程中出現的偏差行為和錯位現象，避免目標置換問題的發生。具體該怎麼避免呢？還須通過以下幾種方法。

建立動態目標體系

前面我們說到想要輕鬆快速地完成最終目標，不妨將目標分解成多個能輕鬆完成的小目標，而這些小目標間是相互支持、關聯的，都是為達到最終的大目標服務的。因此，在完成最終的目標之前，所有的行為、小目標，都要以最終目標為「標杆」，這樣就清晰地明確了目標的方向。

此外，在實施展開的過程中，難免會出現新情況、新問題，這就要求實際行動要有彈性，避免思維僵化，根據具體情況及時做調整。

實施目標時要不斷學習、創新

　　在實施目標的過程中，要不斷加強學習和提升，以便讓自己的能力與目標的實施相匹配，不僅能夠制訂出實現目標的計劃、方案，同時在實施行動的過程中，還要輕鬆自如，一旦超出自身的能力，就要加強學習、創新，讓目標始終都保持在「跳一跳就夠得到」的距離內。

　　此外，為了讓自身的行為不偏離最終的目標，前面我們提到的評價機制也尤為重要，及時對一個階段的工作給出具體的評價，不但能不斷加強目標，還能不斷激勵自己始終如一地朝着最終目標前進。

馬雲説：「很聰明的人需要一個傻瓜去領導，團隊裏都是科學家的時候，叫農民當領導是最好的，因為思考方向不一樣，從不同的角度着手往往就會贏。」一根筷子容易折斷，很多根筷子捆綁在一起就很難折斷了。我們個人的力量總是有限的，但團隊合作的力量是巨大的，個人成長離不開團隊的協作。那麼，該如何讓一棵樹長成一片森林呢？這就需要開拓你的團隊思維了。

第三章

團隊思維

一棵樹長成一片森林的秘密

安泰效應 • Aetna effect

17 離開了團隊，
你或許甚麼都不是

古希臘神話中有一個大力神叫安泰，他是海神波
塞冬與地神蓋婭的兒子。安泰力大無窮，沒人能
比，可是即使如此，他依然有一個致命的弱點，
那就是一旦離開大地、離開母親的滋養，他就會
瞬間失去一切力量。他的對手知道了他的這一弱
點，於是便設計讓他離開了大地，將他高高升入
空中，並在空中殺死了他。

像這種一旦脫離了一些條件，就失去某種功能的現象，被人們稱為「安泰效應」。

安泰效應與五行相生理論非常接近，它讓我們知道了，團結就是力量，一個人的強大離不開一群人的支撐，沒有了團隊的力量做支撐，個人就像沒有翅膀的鳥，就像沒有水的魚。

下面我們就來看看雷軍是如何通過他的團隊讓小米上市、讓世人都知道他的。

小米以市值超 4000 億元登陸港交所，在香港敲鐘當天，雷軍在演講中說：「謝天謝地，公司第一天開張，有 13 人一起過來喝小米粥。至今我都不知道，他們當時是否真的信了。」當時陪着雷軍喝小米粥的，有孫鵬、劉新宇、李偉星、林斌、黎萬強、黃江吉等人。他就這樣用當年一句「四年時間做成一家 100 億美元市值的公司」，召集並動員了一批優秀的工程師。

從金山出來，準備創業用互聯網電商模式賣手機的雷軍，非常清楚一件事：創業，關鍵就是人、事、錢三個要素，而其中最關鍵就是人。於是，從那一刻開始，他便開始了找人。從首先開始的林斌，到最後周光平的出現，雷軍集齊了和他一起奮鬥的六位創始人：林斌、黎萬強、黃江吉、洪鋒、劉德、周光平，組成了工業設計、用戶界面、人機交互、軟件工程、移動互聯網應用研發、產品設計、硬件開發的頂級人才團隊。

如今小米的成績大家都有目共睹，而小米的成功、雷軍的成功，都離不開團隊。但試想，如果當初從金山出來，雷軍沒有想到組建團隊，僅憑一個人單打獨鬥，還能有如今的小米嗎？

所以，在我們成長的過程中，一定要明白團隊意識的重要性，重視團隊意識，培養團隊合作精神。那到底該怎麼做呢？下面我們就來具體說一說。

明白團隊意識的重要性

要想真正明白團隊意識的重要性，就要具體了解以下兩點。

1 弄清楚甚麼是團隊意識。

2 團隊意識有哪些具體的表現。

▪ 甚麼是團隊意識 ▪

團隊意識就是整體配合的意識，具體包括目標、角色、關係、運作四個方面，當然，這四個方面的內容都是以團隊為基礎的。

▪ 團隊意識的表現 ▪

團隊意識有以下一些具體表現。

相互信任

相互信任是一個團隊成員能否為共同目標努力奮鬥的最重要基礎，成員之間有明確的分工，相互間清楚各自的工作職責。

具備雙贏思維

團隊合作尋求的就是雙贏。很多人不願意相信他人，不願意與他人進行團隊合作，就是擔心在分享成果的環節吃虧。其實，即使在合作中沒能獲利，也能從合作中學習到方方面面的知識，尤其是想要通過創業實現個人價值的人，合作可能比個人單打獨鬥效果要好得多，畢竟群策群力，同時有出資的、有出謀劃策的、有研發產品的、有開拓市場的，總要比一個人的力量大得多，成功的概率也更大。

相互尊重

想要通過團隊合作實現個人成長，就要對團隊成員有最起碼的尊重，接受每個人的長處和短處、優點和劣勢，畢竟每個人擅長的

領域不同，在尊重的基礎上將每個人的優勢發揮到極致，如此也能最大限度地體現團隊的作用。

有團隊規範

既然是團隊，就要有一定的制度來約束、規範，這樣大家在完成各自的工作的時候才能有條不紊、輕鬆愉悅。

以團隊目標為根本

團隊合作的目的就是為達成共同的志向、目標，因此，團隊中的每個人都要做好甘當綠葉、配角的準備，甚至在必要的時候，還要為了團隊的利益犧牲個人利益。

培養團隊合作精神

明白了團隊合作意識的重要性，還要注意培養自身的團隊合作精神。具體還要做好以下幾個方面：

第一，正確看待團隊合作精神，最大限度地發揮自身潛力。

第二，多換位思考，培養從他人的角度看問題的習慣，並樹立互助的團隊合作意識。

第三，學會主動與他人合作，多傾聽他人意見和建議，多與合作夥伴溝通交流，不要固執己見。

第四，在自身個性與團隊特點間找到一個良好的平衡，識大體、顧大局，建立「我為人人，人人為我」的思想，避免走極端，保持積極、謙遜的態度。

第五，要有意識地培養自身的領導力，進而帶動、鼓舞、激勵他人，讓他們在工作上始終都能積極活躍。

總之，沒有團隊合作，或許你只能默默無聞度過一生；但若想通過團隊合作來提升自己，就要主動尋求合作，降低內耗，培養自身的團隊合作精神，不斷培養和加強責任感、榮譽感、歸屬感，真正實現 1 ＋ 1 ＞ 2 的效果。

苟希納定律 ● Krishna Harsh Law

18 極簡思維，用最少的人做最多的事

從管理的角度來說，如果實際管理的人數比最佳人數多出了兩倍，那麼工作時間就要多兩倍，工作成本就要多四倍；實際管理人數比最佳人數多三倍，工作時間也要相應多出三倍，而工作成本則要多出六倍。以此類推，工作時間和成本不斷成倍增加。

這就是管理上的苟希納定律。

苟希納定律告訴我們：在管理上，人多未必力量就大，反而是人多必閒。

近段時間，有關京東裁員的消息傳得沸沸揚揚，從高層管理人員到基層物流人員，無一倖免。對於京東裁員的原因，外界可謂是

各種猜測：有人說是資金困難，裁員是為了節約人力成本；也有人說是高層內部出現了腐敗現象；還有人說是劉強東個人有私心。

　　然而，透過劉強東的朋友圈，我們或許能真正了解到京東裁員背後的原因。劉強東在朋友圈中表示，京東已經有四、五年的時間沒有進行過裁員了，在人員急劇增長的情況下，發號施令的人越來越多，幹活的人越來越少，混日子的人更是越來越多。如果不採取行動任其發展下去，京東最終只能被市場淘汰。

　　劉強東說過一句不開除任何一個兄弟的玩笑話，但他強調說，真正的兄弟是能一起打拼、一起承擔責任和壓力的人，不是坐享其成的人。

　　正如全球最大零售企業之一的沃爾瑪公司的掌舵者山姆‧沃爾頓說的那樣：「沒有人希望裁掉自己的員工，但作為企業高層管理者，卻需要經常考慮這個問題。否則，就會影響企業的發展前景。」劉強東敏銳地發現了集團內部的問題，他和沃爾頓都知道，企業機構龐雜、人員設置不合理等，會讓企業官僚之風肆虐，導致人浮於事，工作效率低下。為了避免這些問題，沃爾頓採取的方法是「用最少的人做最多的事」，極力減少成本，追求效益最大化，相信劉強東也是這麼想的。

　　苛希納定律雖然是從管理層面來說的，但對於一般的團隊人員的管理也是適用的。對於想通過團隊合作來幫助自己成長、實現個人理想和個人價值的人來說，需要與多少人合作，如何合作，都是需要拿捏好的。那麼具體該怎麼操作？不妨採用極簡思維。

極簡團隊

　　規模控制在 10 人以下，兩三間辦公場所，再加上幾位能夠一起頭腦風暴的精英成員。這種極簡團隊的公司模式在當下被人認為是最充滿生命力的。

　　亞馬遜 CEO 謝夫‧貝索斯曾提出「兩個披薩原則」，說的是，若是兩個披薩還不能餵飽一個團隊，那就表示這個團隊太大了。貝索斯之所以這麼說，是因為他意識到一個人的大腦是沒有辦法處理

太多人的意見的。人太多了，就沒有辦法凸顯個人的獨特想法。

　　所以，不管你是想通過組建團隊來完成自己和同伴的夢想，還是想躋身已成型的團隊進一步提升自己，都要記住一點：規模小但競爭力極強的極簡團隊更富有強大的生命力，能夠用一個人完成的工作，絕不用兩個人來完成。

極簡管理

　　1965 年，巴菲特收購巴郡‧哈薩威公司時，這個公司僅是一家不起眼的紡織廠，而 50 年後，巴郡已成了涉足保險、鐵路、能源、工業、投資等業務的多元化集團。在這期間，巴菲特通過巴郡‧哈薩威及它旗下子公司開展了近千筆收購，子公司也達到了 80 多家，員工總數超過 27 萬人。

　　這麼龐大的集團，想必員工就得以萬計；然而，讓人震驚的是，它只有 25 名員工！其中沒有戰略規劃師，沒有公關部門，沒有人事部門，沒有後勤部門，沒有門衛、司機……只有巴菲特和他的合作夥伴查理‧芒格、CFO 馬克哈姆‧伯格、巴菲特的助手兼秘書格拉迪絲‧凱瑟、投資助理比爾‧斯科特，此外還有兩名秘書、一名接待員、三名會計師、一個股票經紀人、一個財務主管及保險經理。

　　之所以如此，是巴菲特特意安排的，他認為公司內有太多管理層，會分散大家的注意力。對於下屬的子公司，他直接放權給下屬公司的管理者。

　　所以，如果是自己組建團隊，不妨學學巴菲特，採用極簡管理的原則，沒有必要設置的崗位絕不設置，設置了反倒是給自己徒增麻煩。

學會放權

　　採用極簡思維管理團隊，更需要學會放權。就像巴菲特一樣，下屬公司的管理工作，他從來不插手，也不安排會議，甚至連霸郡‧哈薩威的企業文化也不灌輸給下屬公司。時思糖果公司的總裁查克‧

哈金斯甚至 20 多年都沒見過巴菲特。但是他們不會因此就不注重公司效益，反而會做得非常好；因為他們對巴菲特給他們的絕對的自主經營權感恩戴德，他們在絕對的被放權下感到非常舒服。

針對團隊合作成員，學會放權能激發他們最大的工作積極性，讓他們以最舒服的方式幫助團隊創造最大的收益。

當然，放權並不意味着放縱，在財務方面還是要嚴格掌控的，這也是巴菲特能放心地將權力都交出去的原因，因為他牢牢握着下屬公司的錢袋子。具體的資金流向、運營盈利情況等都要清清楚楚。

當然，在放權的同時，還要配合相應的激勵機制，以不斷提升合作成員間的工作積極性。

共生效應 ● Symbiotic effect

19 與優秀的人合作，你會變得更優秀

在日常生活、工作、學習中，一定的參照群體中的人們；因為受到群體其他成員的智慧、能力及成就等的影響，在思維上受到啟發，能力水平也可以隨之得到有效提升。這種影響在群體成員之間是相互的、潛移默化的，個人潛能的發揮與發展受其作用的激發很大。

　　這種現象就是「共生效應」，最早於 1879 年由德國生物學家德貝里提出。

　　共生現象是一種普遍存在的現象，就像一棵小草單獨生長，可能會矮小、柔弱，但與其他小草一起生長的時候，則會顯得生機盎然。我們個人也是一樣。當一個人將自己關閉起來，閉門造車，縮

小自己的世界，只傾心於自己的內心世界，那發展會越來越小；但如果和一個團隊、很多人在一起，通過他人不斷開闊視野、增長知識、汲取養分，就會變得越來越強大。

共生現象是以「人以群分，物以類聚」為基礎的，學者和學者在一起才能讓學術研究更精湛，學者與混混是不會走到一起的。就拿英國著名的「迪文實驗室」來說吧，80多年間，這個實驗室共誕生了25位諾貝爾獎獲得者，這可謂是「共生效應」的典型代表，正是因為「共生效應」才產生了如此卓越的成就。

任何一個成員在共生系統中，都能獲得比單獨存在更多的收穫，這就是共生效應最大的特徵，即「1+1>2」的共生效益。如果不符合這一特徵，那也算不卜共牛了。那麼，想要通過「共生」幫助自己獲取更大的成長、更大的成果，還需要做好以下幾點。

與優秀的人在一起，讓自己變得更優秀

在猶太經典著作《塔木德》中有一句名言：「和狼生活在一起，你只能學會嗥叫；和那些優秀的人接觸，你就會受到良好的影響。」因此，日常要多與優秀的人交往，多與優秀的人合作，這樣可以讓自己變得更優秀。如果你覺得自己已經夠優秀了，那麼也要讓自己跟優秀的人在一起合作，這樣就能取得更大的成就。

就拿保羅·亞倫和比爾·蓋茨來說。他倆在湖畔中學相識，並相互欣賞。蓋茨因為亞倫的豐富學識而敬佩他，亞倫因為蓋茨的電腦天賦而對他傾慕不已。就這樣，在相互欣賞之下，他們成了好朋友，同時創立了微軟王國。

有人說，沒有比爾·蓋茨，世界上或許就不會有微軟，但沒有保羅·亞倫，比爾·蓋茨可能就不會有今天的成就。這正是1+1>2的共生效應作用，是優秀者之間惺惺相惜的例證。比爾·蓋茨說過：「有時決定你一生命運的在於你結交了甚麼樣的朋友。」他的言外之意就是與甚麼樣的人交往決定了你具有甚麼樣的人生。

所以，努力讓自己變得優秀，同時想辦法加入優秀者的團隊，在那裏你會快速成長。

與價值觀一致的人「共生」

價值觀大部分一致的人，能夠快速、高效地進入合作模式，將更多的精力和時間專注於共同的目標、共同做的事情上，而不會像價值觀不一致的人相互猜忌、懷疑、耍手段等。

正所謂「道不同，不相為謀」，人能為一個目標而相互合作，靠的是相同的志趣，有相同的理想追求和興趣愛好。世界觀、人生觀、價值觀不合的人，是無法長久走在一起的。

就像企業在招聘時，更願意找到與自己「相似」、「同類」的人，這是緣於人性，不願在工作中出現太多摩擦、衝突，同時價值觀及做事方式、態度等都相近，這樣不僅好交代工作，還不會有太多抵觸、抗爭出現。

在尋找與自身價值觀一致的人時，不妨看看他是不是與你有相近的行為特徵，是不是與你的性格類似，比如都屬樂觀積極類型的；是不是願意相互合作打天下；是不是能夠做到相互承擔。

發展自身優勢，獲取與他人共生的價值

共生效應除了在合作中相互影響之外，以人才吸引人才也是其特徵。也就是說，我們想要身邊有更多優秀的人，那麼我們首先要將自身的優勢、才能最大限度地展現出來，以達到吸引更多人才在你身邊的目的。

就像前面我們舉的小米創始人雷軍的例子，獨自一人的他之所以能匯聚起其他六個頂尖的人才，根本原因還在於雷軍自身的才能。試想，如果雷軍甚麼都不是，其他六個人還會一呼百應，和他一起創立小米嗎？

尤其是在你想要與人合作時，一定要在你想合作的人面前盡可能地放大自身的優勢，讓對方真正看到你的價值，同時獲取與他人共生的價值，比如資金、技術、法律支援等。

所以，想要自己有所提升，就要改變「閉門造車」的思維，與優秀的人、強人、精英一起合作、一起交往。

非零和效應 • Non - zero - sum Effect

20 良好的團隊合作 以雙贏為目的

實力相當的雙方在談判時做出大體相等的讓步，
方可取得結果，亦即每一方所得與所失的代數和
大致為零，談判便可成功。

以上是「零和效應」的含義。然而，如今的人們更趨向於「非零和」，也就是「雙贏思維」。

雙贏，顧名思義，就是雙方都贏，都能獲取一定的利益，而不是你死我活、此消彼長或兩敗俱傷。

就拿很多情侶的分手來說。很多情侶的分手原因不是大是大非或道德品質敗壞等問題，而是對雞毛蒜皮的小事的爭吵。在這些爭吵中，男女雙方都想對方能退讓一步，讓自己成為爭吵的「勝利者」。可結果是誰都不願意退讓，最終讓小爭吵不斷升級為大矛盾、

大隔閡，甚至到了最終不得不分手的地步。

若在爭吵中，雙方都各退一步，多包容對方一點兒，達到雙贏的結果，又怎麼會到「不是你死就是我亡」的仇人地步呢？

其實，在如今競爭激烈的社會中，並不乏斤斤計較、不懂雙贏的人。尤其是在團隊合作中，為了個人利益，在最關鍵時刻與其他團隊成員鬧翻，致使大家兩敗俱傷的人比比皆是。然而，這樣的做法最不明智，也是非常有損自身成長的，我們不提倡。而明智的做法是：以雙贏的目的尋求合作，實現利益的最大化。具體怎麼實現雙贏，還須了解能實現雙贏的條件和策略。

在團隊合作中，想要實現雙贏，首先得具備以下五個條件。

具備雙贏品格

一個人是不是以實現雙贏為目的，還須看他有沒有具備雙贏的品格。

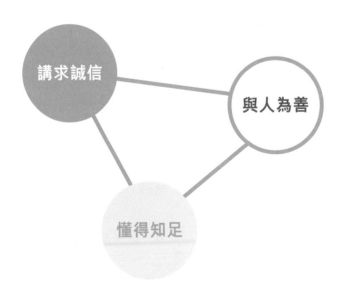

講求誠信的人，能始終如一地忠於自己的價值觀、承諾。

能否最終達到雙贏的目的，除了敢作敢為的勇氣以外，關鍵還需要合作者具備與人為善的胸襟。

懂得知足，懂得利益共享，不貪，就給團隊合作營造了安全氛圍。

▪ 確認情感賬戶 ▪

雙贏的精髓是個人的信用，是相互間的信任，即情感賬戶，建立雙贏關係，就是在雙方之間建立了情感賬戶，這一關係存續能否長久，還要看這一賬戶中的相互信任因素、是否一致保持坦誠相待、是否能在危急時刻站出來解決問題等條件是不是夠充足。

▪ 簽訂雙贏協議 ▪

簽訂雙贏協議在團隊合作中是必不可少的一環。確立了雙贏關係，並最終以實現雙贏為目的，接下來一步就是確立雙贏協議，將各自的目的、合作的意義等確定下來。具體來說，雙贏協議包含以下幾個方面內容。

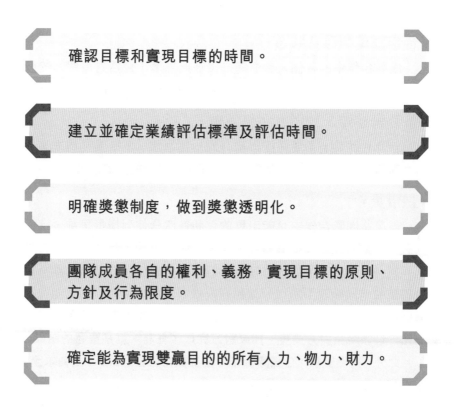

確認目標和實現目標的時間。

建立並確定業績評估標準及評估時間。

明確獎懲制度，做到獎懲透明化。

團隊成員各自的權利、義務，實現目標的原則、方針及行為限度。

確定能為實現雙贏目的的所有人力、物力、財力。

在以上幾個方面的內容中，在確定個人的權利、義務時，還要明確規定對結果負責；在可用資源、獎懲制度、指導原則等的確定上要實現對等，以達成一個有效的雙贏體系。有效的雙贏體系是實現雙贏的基礎，否則即使能力很強，雙贏思維很好，也難相互成就。

▪ 要認清雙贏是個過程 ▪

想要實現雙贏，在合作中就要處處以雙贏思維待人、處事，要懂得從對方的角度去考慮問題，要認清主要的問題、矛盾，在解決問題、矛盾時，要確定各種可能的同時也是大家都能接受的途徑。

實現雙贏的策略

實現雙贏的條件都具備了，並且真正步入了為實現雙贏目的展開實施的階段了，此時還要懂得一些策略，促進雙贏的達成。具體來說，有以下幾點策略。

▪ 合作成員間訊息共通 ▪

團隊合作中的各個人員之間必須彼此熟悉，包括對每個人的優勢、缺點、喜好、習慣、工作進展情況等都要有所了解。

▪ 涉及利益時，給對方多個選擇 ▪

涉及利益時，不要僅提出單一的一個選擇，多準備幾種方案，讓大家有多個選擇，並且從中找到那個最有利於對方的選項。

▪ 做增量 ▪

盡量將團隊合作中可能出現的零和效應延伸到增量思維，進而共贏。比如有人想要提高薪酬，但是單純給一個人提升，其他人肯定有意見，不提升又無法激發此人的工作積極性，甚至導致其有離職的風險。此時就不妨從分蛋糕變成做大蛋糕，給此人創造能提高薪酬的條件，比如給對方分一些其他人拿不下來的客戶資源，或者開拓一個領域讓對方負責。如果對方完成了任務，就是雙贏的結果。

此外，實現雙贏，在團隊合作中還要懂得適當退讓，「委曲求全」在團隊合作中不一定就是壞事。

旁觀者效應 ● Bystander effect

21 責任不清的團隊永遠沒有競爭力

社會心理學家拉塔內和達利發現，當有很多人在場時，會顯著降低人們介入緊急情況的可能性。而自 1980 年以來，有 60 多個針對這一論斷的實驗研究，都驗證了這一結果。大約 90% 的實驗都證明獨自一個人比多人一起更可能向緊急需要幫助的人員提供幫助；而且，實驗結果還表明：在場人數愈多，受害者所得到幫助的可能性就愈小。

而早在 1969 年，拉塔內和羅丁就進行了相關的實驗。他們找來一群受試者，並測試了他們在不同情境下的反應。他們在一個房間內事先安排了一名女子，讓她模仿從椅子上重重摔下來的樣子，並描述她的痛苦狀，比如腳不能動了、骨頭露出來了、被重東西壓着、腳撤不出來等，整個描述過程大約 2 分鐘。

第一種情境：當受試者單獨被安排在「受傷女子」的隔壁房間時，聽到「受傷女子」痛苦的聲音後，有 70% 的受試者選擇了去幫助她。

第二種情境：當受試者和兩名陌生人被安排在「受傷女子」的隔壁房間時，有 40% 的被試者選擇去幫助她。

第三種情境：當受試者和一名消極的實驗助手被安排在「受傷女子」的隔壁房間時，這名助手建議受試者不要去幫忙，結果最後只有 7% 的受試者去幫助受害者。

在實驗過程中，那些沒有去幫助受害者的人，認為她受傷並不是甚麼大事，僅是輕微的扭傷，還表示不想讓受害者感到尷尬。

實驗想要證明的就是心理學上的旁觀者效應。

旁觀者效應也被叫作責任分散效應，對某件事來說，由單個個體去完成，可能會使這個個體迸發出超強的責任意識，也會使其為完成此事做出積極反應；但如果要求一個群體共同完成某件事時，個人的責任意識就會減弱很多，面對困難或需要承擔一定的責任時，大家會退縮。

導致旁觀者效應的原因主要有以下幾個方面：

社會抑制作用

對一件事情的發生，每個人都有各自的看法及想要採取的行動，但是當有其他人在場時，個體就會考量自己的行為會不會出現難堪的局面，會不會沒有其他人做得好。當所有人都不採取行動的時候，就會對個體產生社會抑制作用，讓個體都不採取行動。

從眾心理

從眾心理滲透到了生活的方方面面，包括對一件事情的看法，當大家都以旁觀者的角度去看待時，個體往往會遵從大多數人的表現。

他人會影響認知和判斷

有他人在場，個體會因為缺乏對行為措施的心理準備、訊息資料，試圖通過他人來獲取線索和依據，這就直接影響了自身對整體情境的認知、判斷。

責任擴散

責任擴散是旁觀者效應產生的主要原因之一，責任會被擴散到所有人身上，人愈多，個體責任就愈少。就拿救助受害者來說，當有很多人在場時，個體就不清楚到底該誰採取行動了，責任被擴散到了在場每一個人的身上，個體甚至都意識不到有救助的責任，進而產生了「我不去救，自然有人去救」的「集體冷漠」局面。

總之，不管甚麼原因引起的旁觀者效應，它的實質都是人多不負責，責任不落實，責任不清。這對於尋求團隊合作的人來說無疑是大忌，這樣的團隊合作也絲毫沒有競爭力，很快便會夭折，或者被市場淘汰，或者被其他競爭對手吃掉。那怎樣才能避免旁觀者效應對團隊合作帶來的傷害呢？不妨試試以下幾種方法。

▪ 責任到人 ▪

面對一項任務需要多個人去完成時，切不可給出模棱兩可的責任指派。

比如，不少團隊領導在下發任務時會這樣說：「你們幾個一起把這件事完成，都好好加油啊！做不好誰也別想領到獎金。」結果最後往往事情就真的做不好，大家的獎金都領不到，相互之間推諉責任，指責別人不盡力。

這就是責任指派過於模糊，讓責任被稀釋了。就像上面在分析原因時說的那樣，責任被擴散到了多人身上，每個人的責任意識都變得非常薄弱，自然不會很好的完成任務。

遇到這種情況時，不管有多少人，都要從中選出一個責任人。圓滿完成了，責任人得到額外獎勵；完不成的，責任人就要接受懲罰。選出的責任人將工作細分到每個人身上，這樣圓滿完成任務的概率就增大很多倍。

▪ 責不下沉 ▪

很多團隊裏面有一種頂層領導有權無責、基層員工有責無權的現象，這是領導對責任不加干預的後果，這種現象最終導致的後果很可能是會出錯，但出錯後領導會揪下屬的責任，而自己則表示有失察之責。失察之責說白了就是將責任推脫給下屬。

但是，是誰的責任就是誰的責任，領導就該承擔起相應的責任，不能將責任越級下沉到下屬。就算下沉了，出了問題一樣得領導擔着。

「一個和尚挑水喝，兩個和尚抬水喝，三個和尚沒水喝」。在團隊合作中，要時刻提醒自己及團隊成員，團隊共贏是目標，在完成工作時，不能因為責任分散而相互推諉，這樣的合作寧可不要。

22 波克定理 • Paucker Theory
無摩擦便無磨合，從爭辯中實現無障礙溝通

　　美國莊臣公司總經理占士‧波克提出：只有在爭辯中，才可能誕生最好的主意和決定。

　　由此也產生了波克定理。

　　波克定理告訴我們：團隊成員之間，如果沒有意見上的摩擦，便沒有相互之間的磨合，沒有相互之間的爭論，便產生不了獨到的見解。

　　只有在爭辯的過程中，才能找到解決問題的方法，只有相互間的爭論，才能得出應對的高論。很多公司熱衷於開會，其實原因就在於此，這是集結團隊成員智慧的最佳方法，也是找到最符合實際問題解決方案的最佳途徑。

　　舉個例子來說。某成立一年多的團隊有三個管理層成員，這三個成員因為平時都忙於各自的工作，溝通交流並不多，而且其中一個成員與另一個成員還有一些小摩擦，但一直沒能解決。結果這兩個成員之間的交流就更少了，有甚麼意見、建議都通過第三個成員傳達。但是第三個成員又是一個善於做「和事佬」的角色，兩邊都不想得罪，兩邊打圓場；結果對於一方的意見和建議，另一方完全聽不進去。就這樣，三個人的合作最終終止，損失了大量的資金不說，還白白浪費了一年多的時間和精力。

　　很多團隊，不管大小，都在強調「無障礙溝通」。就是團隊成員，尤其是團隊管理者之間沒有分歧，即使有分歧也能很快達成共識。

可想要達到這種效果，前期就少不了大量的溝通交流，而溝通交流就會出現爭吵；但正是這樣一個過程，才讓彼此相互有了了解，才真正實現了無障礙溝通。而上例中的三個成員，顯然缺乏溝通，而且也沒有採取最佳的解決問題的方法。

所以，我們在與團隊成員合作時，一旦遇到問題，就要將問題攤開來，大家一起集思廣益。有不滿也要發洩出來，這樣其他成員才能理解你，相互之間的關係變得明朗，問題也會變得簡單。為甚麼要這樣做呢？以下幾個方面是關鍵因素。

1 每個人的性格、境遇、思想深度不同，相互間在認知上有偏差。

2 每個人所處的位置、立場不同，考慮問題的角度不同。

3 雖然同屬一個團隊，但彼此若不夠了解，就易生誤會。

誰也不是他人肚子裏的蛔蟲，個人的見解、想法，只有講出來，才能讓大家聽到、理解。礙於情面，總想着一團和氣，將不滿、分歧藏着掖着，反而會讓事情變得更糟糕。不直接面對問題、承認問題，還試圖迴避或繞開問題，早晚都會出現一次大爆發。所以，在團隊需要做出決策時，在團隊中出現不同意見、不同方案時，就讓大家來一場實實在在的爭辯。但是，真正通過爭辯實現無障礙溝通，還需要注意以下幾點。

仔細思量反面意見

在團隊成員的爭辯中，面對管理層和群體的壓力進行的反駁、辯論、思考，是最難能可貴的，這些辯駁常常能為許多問題提供解決方案。因此，不管是團隊的例會，還是私底下的溝通交流，我們都要給大家營造一種寬鬆的氛圍，讓大家沒有任何顧慮地將自己的牢騷與不滿講出來，然後從不同的側面、不同的觀點、不同的見解、不同的判斷中得出最終決策。

要爭辯卻不是吵架

爭辯是對事不對人的，是以解決問題為目的的，不是純惠吵架；因此，在爭辯中，還要把握好爭辯的角度、語氣，秉持公正客觀的態度，想方設法找到問題的癥結，並探討解決問題的各種辦法。

這種對事的爭辯，就算是發展到了爭吵的地步也不會傷害彼此間的感情，而且經過多次這樣的爭辯之後，每個人的性格、思考角度、解決問題的方法等，基本上都能被大家了解，而接下來爭吵就會越來越少，從而形成一個高度統一、一遇問題馬上找最佳解決辦法的狀態，此時也就真正做到無障礙溝通了。

但是這種爭辯絕對不是肆無忌憚地亂開腔，也不是動不動就爭吵，能夠正確地提出觀點，並鼓勵所有成員都積極參與討論，才是爭辯的最終目的，也是團隊合作成功的關鍵。

需要注意的是，不管彼此間的辯駁到了何種地步，是爭吵，還是大吵，都是以解決問題為目標；但如果每次不管是開會，還是私底下小範圍的溝通交流，總有人「對人不對事」，並且有明顯的言語上或肢體上的人身攻擊傾向，對這樣的合作者都要注意，他可能並不是值得你去長久合作、信任的人。

史密斯原則 • Smith's rule

23 與競爭對手除了硬碰，還有合作

「如果你不能戰勝他們，你就加入他們之中。」

　　這是美國通用汽車公司前董事長約翰‧史密斯提出來的，是著名的策略型原則，在團隊合作中非常適用。

　　史密斯原則告訴我們，與對手之間除了硬碰，還有合作。

　　從傳統思維來講，與對手之間的關係只有競爭，只有「不是你死，就是我活」，或者「有你沒我」的勢不兩立局面。就像有人提出的那個問題：如果競爭對手掉到河裏就快被淹死了，此時你該怎麼做？將麥當勞發展成快餐帝國的文洛克認為「拿起水龍頭，直接塞進他的嘴裏」，這樣的姿態在競爭對手面前的確霸氣；但在如今市場競爭異常激烈，同時又瞬息萬變的時代背景下，如此的「霸氣」恐怕只會給自己四面樹敵，從而使成長之路舉步維艱。若沒有如此

的霸氣，單純依靠個人的力量單打獨鬥，那成功的概率就更微小了。所以，為了自身的成長和發展，就非常有必要改變思維。

奧地利生物學家康拉德·洛倫茲認為，不管你多強大，還是不要「置對手於死地」，所以，諸如文洛克那樣直接拿起水龍頭對準將被淹死之人的喉嚨，是不被洛倫茲認可的。那該怎麼辦呢？不妨採納林肯的做法：「消滅敵人最好的辦法就是把競爭對手變成自己的朋友，那麼我們或許真的能一勞永逸。」這一思想與約翰·史密斯也是一致的，就是與競爭對手「化干戈為玉帛」，變對手為「盟友」。

當然，想要與競爭對手形成合作，也不是相互遞一句話就可以做到的，一定有雙方都覺得有合作必要的因素在起作用。那到底該注意哪些因素呢？下面就來具體看一看。

尋求共同利益

沒有永遠的敵人，只有永遠的利益。與競爭對手尋求合作，目的非常明顯，就是通過合作獲取利益。因此，想要和競爭對手合作，就一定要讓對方看到「共同利益」。

比如通用汽車和丹拿 - 克萊斯勒都想開發電氣混合動力型汽車，於是兩家汽車巨頭暗暗較着勁。但是，它們很清楚，自己的面前還有豐田和本田兩個「大佬」，它們早早就進入了這一市場並處於遙遙領先的地位，想要和這兩個「大佬」同分市場，就要提升產品開發速度，在最短時間內推出最具競爭力的混合動力技術。於是，原本暗自較勁的通用汽車和丹拿 - 克萊斯勒開始合作，最終在該市場上為兩家公司都爭得了一席之地。

還有微軟和 SUN 公司之間，20 多年間，它們在市場和技術產品方面的明爭暗鬥從來不曾停止過，甚至雙方總裁還曾打過口水戰。但是「微軟和 SUN 將為產業合作新框架的設置達成一個十年協議」的合作讓世人看到了，只要有共同的利益，沒有誰是不能合作的。

所以，想要尋求對手合作，就一定要讓對手看到彼此間的共同利益。

優勢互補，各取所需

除了有共同利益促使競爭對手更願意尋求合作以外，優勢互補、各取所需，也是競爭對手尋求合作的因素之一。

如今是訊息化飛速發展的時代，有的人有人脈，有的人有資源，有的人有資金，有的人有技術……但他們都「各自為政」，不尋求合作，恐怕都難成就一件事，即使能成，也僅是一個比較狹小的領域，無法做大做強。而在不損害各自的競爭優勢下，通過合作，優勢互補，將人脈、資源、資金、技術等充分結合在一起，共同分擔成長中的成本與風險，共同分享成長中的收益，如此便能相互成就、相互成長。鐵姆肯公司旗下的工業集團總裁阿諾德就說過：「企業可能無力獨自承擔做某些項目的成本，但是如果與其他企業合作，就可以由大家共同分擔這些成本。競爭對手之間的聯手合作並不會損害各自的競爭優勢。」比如佳能和惠普，在面臨全球化和競爭壓力加劇的情況下，他們選擇合作，主要就是為了優勢互補，佳能有硬件優勢，負責制造墨盒；惠普有商業軟件優勢，負責提供軟件、控制影印機的微處理器及影印機的商業推廣。而最終這一戰略聯盟讓他們雙方都獲益良多。

因此，在與競爭對手尋求合作的時候，就不要吝惜你的價值和優勢了，完全展現出來，比如，你在政、商兩界有着廣泛的人脈，或者你有大筆的閒置資金，抑或你掌握着先進的技術……這些都是你與競爭對手尋求合作的「籌碼」。

當然，在成長的過程中，除了要尋求與競爭對手的合作以外，還要記住一句話：「為競爭而合作，靠合作來競爭！」合作是為了讓自己變得更強大，以增強在市場中的競爭力，同時合作能夠提升與市場其他對手的競爭力。

舉例來說。當初比爾‧蓋茨的微軟公司還是個「無名小輩」，IBM 則已經發展成電腦行業的大亨，兩者相比，簡直是天上和地下之別。蓋茨雖有雄心和已經研發出來的操作系統，但苦於當時的微軟實在太弱小，蓋茨想要實現抱負純屬空談，於是他便想到與 IBM

合作，並通過軟件開發的優勢獲得了合作機會。

正是與 IBM 的合作，微軟逐漸強大起來，並與 IBM 從合作的關係逐漸變成了競爭關係，微軟和 SUN 公司的合作，其中也不乏對付 IBM 的意味。

成長路上盡量避免「唯我獨尊」，《菜根譚》中有句話說：「人情反覆，世路崎嶇。行不去處，須知退一步之法；行得去處，務加讓三分之功。」人情反覆，人生路崎嶇，行進路上該退讓就要退讓，該給予就要給予，但同時，不要忘記在紛繁複雜的市場中多一些競爭意識。

一個人是否能夠取得更長遠的發展，很多時候取決於這個人是否具有控制情緒的能力。正如拿破崙所說的那樣：「能控制好自己情緒的人，比能拿下一座城池的將軍更偉大。」沒辦法控制情緒的人是沒辦法讓自己快速成長的。試想，在悲傷、鬱悶、暴怒等負面情緒控制下，誰還能做到心平氣和地工作呢？誰還能心平氣和地與對面的合作夥伴共商對策呢？誰還能意氣風發地趕在見客戶的路上呢⋯⋯想要快速成長，就要懂得用優秀者的思維來控制情緒。

第四章

情緒思維

別讓負面心態影響你的未來

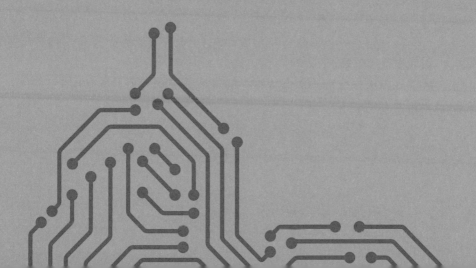

野馬結局

24 自控情緒，是幫你實現目標的綜合能力

非洲草原上有一種吸血蝙蝠，牠們依靠吸食動物的血生存，常常趴在野馬的腿上吸野馬的血，任憑野馬暴怒、狂奔，蝙蝠則泰然自若地在野馬的身上吸足吃飽後才離開，為此不少野馬被活活折磨死。其實，吸血蝙蝠在野馬身上所吸的血量極少，野馬的死完全是暴怒和狂奔造成的。

這就是野馬結局。

野馬結局告訴我們：因為芝麻大的小事就大動肝火，最終傷害的只是自己。

原本野馬可以忍一忍，待到蝙蝠自己飛走就相安無事了；可是，為了擺脫掉蝙蝠，野馬在憤怒中不停狂奔。野馬不懂管控自己的情緒，因此才導致了最終死亡的結局。

很顯然，野馬的結局是一個悲劇。然而，現實生活中，有多少類似這種野馬的人在不懂自控的情緒中迷失了自己呢？又有多少人因為「一時衝動」、「一氣之下」毀掉了自己原本光輝、燦爛的人生呢？

張輝是某上市集團銷售部的經理，他的能力是高層領導有目共睹的；因此，高層領導一直想給他一個更高的位置讓他發揮，於是便想着讓他擔任銷售總經理的職位。不過為了讓這個職位顯得更適合他，高層領導交給了他一個艱巨的任務——拿下集團最大的一個客戶，這個客戶直接關係到與對手的競爭能否取得勝利。

切進展都很順利，張輝很快便與客戶約定了見面的時間、地點，很顯然，能夠約定見面，成功的概率提高了很多了。然而，讓人沒想到的是，在赴約的前一天晚上，張輝與幾位友人相約去酒店吃飯，杯盞交錯中，張輝與其中一位友人發生了口角，最後竟然發展到大打出手的地步，其他幾位拉也拉不住；結果一不留神，張輝舉起椅子朝着友人的頭拍了下去，友人當場昏厥過去，而張輝也很快被警察帶走了，在拘留所待了 5 天，直到友人醒過來，並決定不起訴他才被放出來。可 5 天的拘留使張輝錯過了他人生中最大的一次機會，他沒能見到客戶。而客戶因為他的爽約與對手公司簽訂了合同，給張輝所在公司造成了巨大損失，張輝被解僱了！

約翰·米頓說過：「一個人如果能控制自己的情緒、慾望和恐懼，那他就勝過國王。情緒就是心魔，你不控制它，它便吞噬你……」生活中，像張輝這樣的人不在少數，但是若想成為人中驕子，首先就要學會控制情緒。

控制情緒是個人對自身心理和行為的主動掌握、適當控制和調節，是個人的一種綜合能力，也是優秀人士近向成功的必備素質。那我們該如何做到自控情緒呢？我們不妨採取以下步驟來應對。

1 第一步：識別情緒

2 第二步：分析情緒

3 第三步：化解情緒

接下來我們就一步步來幫大家分析。

識別情緒

自控情緒的第一步就是要意識到甚麼時候情緒會失控，此時靜待片刻，問問自己有甚麼感受，包括身體和精神上的，這就需要努力去識別它。

身體上：心跳加速，肌肉緊張，呼吸急促或表淺。

精神上：注意力渙散，焦慮、恐慌、不知所措感加劇，無法控制想法。

然後集中思想到情緒上，以最快的速度想一想，如果情緒爆發或延續，會產生甚麼樣的後果。比如你正處於憤怒狀態中，馬上要爆發了，此時用最快的速度想一下憤怒爆發以後給對方帶來的感受、產生的後果，你自身的感受、後果等。

　　舉個例子，比如孩子看電視不做功課，你看到這個情景馬上就想發脾氣，此時就想想對孩子發脾氣後，孩子是不是會很委屈，是不是做功課會敷衍了事；你是不是會因發脾氣導致身體不舒服，是不是會導致全家人都陷入一種壓抑的情緒狀態，是不是也會因此和愛人產生不愉快。想過之後，憤怒情緒還要爆發出來嗎？

分析情緒

　　識別了情緒，還要對情緒進行一番分析，找出誘發情緒的根本原因。比如你的悶悶不樂、憂心忡忡來自哪裏，你的憤怒是由甚麼引起的，你的低落情緒源自甚麼時候、甚麼原因？

　　就拿上例來說，導致你憤怒的原因是孩子看電視不寫作業。但是真正使你憎怒想要發脾氣的，或許並不僅是這一原因。此時就要想一想，還有沒有其他的原因呢？是不是在公司遇到不開心的事情了，是不是被老闆否定了計劃書，是不是工程進展不順利……通過分析之後，你會找到誘發憤怒情緒的根本原因。比如工作不順利，你雖然已經回到家了，但還需要讓自己冷靜下來好好思索一下工作，而此時恰恰孩子看電視影響到了你，你就想對他發脾氣。

化解情緒

　　通過以上兩個步驟，識別並分析了情緒，找到了誘發不良情緒的根本原因，此時就要想辦法化解了。

　　依然以上面的例子來說，孩子不做功課在看電視，你憤怒情緒上來了，但根本原因是你工作不順利。你若將怒氣發洩到孩子身上，無疑是讓這種壞情緒不斷蔓延。那麼此時有沒有更簡單的方法讓孩子去做功課呢？

直接告訴孩子應該在此刻做功課，或者直接關掉電視，讓孩子意識到他的主要任務是做功課，而你自己則在一個安靜的環境下冷靜思考一下工作，查看計劃書，看到底是哪個環節不合理，又有哪些更合理的措施。

　　或者直接走出家門，在街上溜躂，或者到附近的公園散散步，在這個過程中，將工作梳理一遍。

　　也就是説，真正化解不良情緒的辦法是解決誘發不良情緒的根本原因。試想，完美做出了計劃書，達到了老闆的要求，你是不是非常有成就感，那時候的你還能被憤怒的情緒籠罩嗎？

　　光是學會了自控情緒還不行，還得試着讓自己長期不受不良情緒的控制，讓自己長期能保持一個平和的心態，這才是最終的目的。此時就要有一個能夠長期可以讓你保持快樂的方法。這裏為大家推薦一個「快樂書」方法。

　　這一方法就是將每天讓你快樂的事都記錄下來，每天都要記錄，哪怕一天當中確實沒有快樂的事可記錄，也要從這天當中至少記下最有意義的一件事，哪怕是被上司責罵了，讓你一整天心情很不爽，也要從中總結出教訓，是上司的問題，還是自己的問題，如果是上司的問題，那就當磨煉自己忍耐的品性，想想這是為讓你變得更強大奠定基礎；如果是自己的問題，那就馬上修正，修正之後是不是就會讓自己開心起來呢？

　　長期堅持記錄「快樂書」，你會變成一個樂觀、豁達的人，此時生活中的一些負面情緒就很難再傷到你了，而你的宏偉目標也能清晰地指引你前進了！

羅森塔爾效應 ● Pygmalion effect

25 優秀的人士都會不斷給自己積極的期望和暗示

美國哈佛大學的羅森塔爾教授做過一個非常有趣的實驗。他將一群小老鼠分為兩組，分別交由不同的實驗員去訓練，其中，他告訴第一組的實驗員說這組老鼠很聰明；告訴第二組的實驗員說這組老鼠智力一般。結果，一段時間以後，當對這兩組老鼠進行穿越迷宮的方法測試時，第一組老鼠表現得明顯比第二組聰明。

於是在老鼠的實驗基礎上，羅森塔爾和雅各布森拿到了一所學校全體學生的名單，他們從名單中抽取了幾個學生的名字，並交給校方說這幾個學生天賦異稟，只是還沒在學習中表現出來。結果學年結束時，這些學生的成績果然高出其他學生不少，不僅是成績，其他各方面表現也都有很大變化。

事實上，不管是兩組老鼠，還是抽取出來的幾個學生，都是隨機分配、隨意抽取的，羅森塔爾根本不知道他們誰更聰明，只是在交給實驗員及校方的時候的話產生了作用。被告訴老鼠聰明的實驗員，得到了積極的期望，在對老鼠進行訓練時，就會以聰明老鼠為基礎；而智力一般的老鼠，得到的是消極的期望，就會被採取一般的措施。而老師被告知學生天賦異稟，也是得到了積極期望，因此也對這部分學生進行「特別優待」。

這就是著名的「羅森塔爾效應」。

羅森塔爾效應告訴我們：想要達成一定的目標，做成一件事情，只要懷着強烈的期望，並為之付出努力，最終就能讓我們期望的事情出現。

大家在生活中一定聽過「說你行你就行」的話，其實這就是羅森塔爾效應的實際應用，如果想要一個人發展更好，就應該給他傳遞積極的期望，讓他朝着積極期望的方向努力。

但在生活中，很多人在面對事情的時候總是持消極態度，這給自身的成長、成功都帶來了嚴重影響。世界上但凡有成就、優秀的人在生活和工作中，都會不斷地給自己積極的期望、暗示。

為甚麼給自己積極期望、暗示很重要？

優秀的成功人士之所以會不斷給自己積極的期望暗示，其原因，我們可以通過以下表格來了解一下（表 4-1）。

表 4-1	積極期望和消極期望	
	積極期望	**消極期望**
表現	具備走向成功或取得成就的樂觀主義精神，會不斷留心並意識到幫助自己獲得成功的機會。	認為做甚麼都不會有收穫，做事之前總會想到失敗，沒有任何行動，但卻不斷尋找理由和證據證明結果會失敗。
積極期望下的說話習慣	「我們可以取得成功。」、「我們的成功來自我們共同的努力。」、「我相信他能充分發揮他的最大潛力。」、「我很自豪我是一名……」、「我喜歡專業研發，這也是我不斷學習的原因。」	「我們的企業文化就是垃圾。」、「他們就是懶，不願意上班。」、「他們根本就不懂得銷售，根本就不會創造銷售業績。」、「每次的會議都無聊透頂，我只想在會上睡覺。」
結果	更容易實現所期望的結果。	不期望某結果出現，它就很可能不會出現。

通過以上表格我們就能看出來，如果你抱持積極的期望，不斷尋求成功的辦法，那就能看到成功，但如果你抱持消極的期望，不認為能成功，那成功就會離你越來越遠。

由此，我們就能看到積極期望、暗示的重要性，也因此，那些優秀的成功人士才習慣給自己更多的積極期望和暗示。

如何給自己積極暗示最有效

給自己積極暗示要講求方式方法，才能收穫應有的效果，因此要注意以下幾點。

▪ 暗示句子簡單有力 ▪

給自己積極暗示的句子不宜太長，要簡短有力，比如「我能完成」、「我有耐心」、「我擅長寫作」等。並且反覆強調，進而形成一種強有力的自信。

▪ 暗示語要正面説 ▪

給自己積極暗示不能有太多的彎彎繞繞，直截了當最好，並且要正面説，比如，「我將問題想複雜了，不複雜的話應該會更快完成」。這樣説的暗示力度就不明顯，但如果換成「我的工作很完美」、「我對問題看待明確」，就有感染力了。

▪ 暗示語不能模棱兩可 ▪

在給自己的積極暗示語中，不能出現可能、或許、也許這樣模棱兩可的詞匯。

▪ 暗示語也要注意可行性 ▪

積極的暗示語要根據實際情況看是不是具備可行性，通過努力實現的概率有多少，如果遙不可及、根本沒辦法實現，就不要去給自己暗示。比如「我要上火星」，這樣的暗示對普通人來說可能就是天方夜譚。

多給自己積極且較高的評價

　　自我評價能促進自我認知，但是如果對自己評價太低，會讓自己陷入消極的狀態中無法自拔，自卑、脆弱、焦慮、抑鬱等一系列消極心態都會伴隨而至。處於這種心態下的人，又怎麼可能獲得人生的成功呢？

　　因此，哪怕自身各方面水平並沒有多高，日常還是要多給自己積極且較高的評價。其實這也相當於是在給自己積極的期望、暗示，多給自己積極的評價，終有一天你會成為評價中的樣子。

詹森效應 ● Jansen effect

26 別讓焦慮、緊張情緒 在關鍵時刻成為絆腳石

一名叫詹森的運動員，實力雄厚，平時的訓練成績相當優秀；可是，只要到賽場上，他就會焦慮、緊張，完全無法發揮出他的正常水平。因此，在比賽中連連失利，讓自己和他人很失望。

人們將這種平時表現良好，但由於缺乏應有的心理素質而導致正式比賽失敗的現象稱為詹森效應。

不僅是詹森，李小鵬也曾經因為緊張、焦慮等問題，在 2004 年雅典奧運會上發揮失常，被寄予奪金厚望的他，結果僅獲得了一枚雙槓銅牌。

其實，生活中有很多和詹森、李小鵬一樣的人，平時表現優異，但一到關鍵時刻就失手。

舉個例子，有個人一直想做講師，而且他各方面的條件都非常符合講師的要求，比如語言組織邏輯性強，論斷中有理有據，並且非常有演講的風格。可是三年過去了，他始終沒能獲得講師資格。其原因就是，他的優秀表現完全是在私底下，小範圍的幾個人在一起的時候，他能侃侃而談。而一旦上了講台，據他自己介紹説，他在將要上台前，緊張的情緒就會跟過來，哪怕自己再怎麼跟自己説不要緊張都無濟於事，等到了台上，大腦更是一片空白，不僅忘記了內容，就連説話也會變得結結巴巴。

　　焦慮、緊張的情緒讓以上幾位人士沒能最終獲得成功，或者沒能拿出最佳成績，對於追求成長和提升的我們來説，焦慮、緊張依然是擺在我們面前的攔路虎，我們必須戰勝它，才能繼續我們前進的腳步。但在戰勝它之前，我們首先要弄清楚焦慮、緊張的原因。

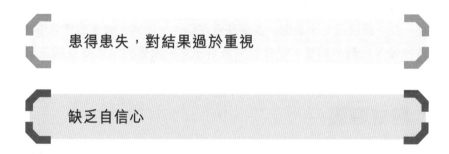

患得患失，對結果過於重視

缺乏自信心

　　我們在此説的焦慮不是醫學上的焦慮症狀，是臨場發揮失常的緊張情緒，而患得患失和缺乏自信心是臨場出現緊張情緒、焦慮的最重要原因。比如，由於患得患失，不停地跟自己説「我必須成功，否則我就沒臉見人了」、「結果可別不理想啊，否則前程就斷送了」等，這些非理性觀念都會導致緊張、焦慮情緒的產生。

　　同時，如果平時不夠努力，沒有用心準備，臨場也會出現緊張、焦慮情緒。

　　了解了焦慮、緊張的原因，想要在關鍵時刻不失手，我們不妨試試以下方法，來迅速讓自己鎮定，順利過關。

轉移注意力

當焦慮、緊張情緒出現時，不妨暫時將注意力轉向其他事情上，比如抬頭看看窗外，想想緊張的事情之外的事情，讓自己暫時從緊張的事情中抽離出去。或者起身，暫時離開讓你緊張的地方，做做身體放鬆運動，讓心情平復下來。如果時間充裕，還可以到郊外、海邊散散步，或者去爬爬山，將焦慮、緊張的情緒徹底放下。

幻想

幻想是緩解焦慮和緊張的好方法之一。當焦慮和緊張的情緒來臨時，可以馬上想像自己正在綠草悠悠的空曠大草原上，那裏只有你，只有風，只有天上的朵朵白雲。也可以想像在陽光和煦的海邊，踏着輕柔的沙灘，吹着徐徐的海風，任由一波波海浪沖刷着腳丫⋯⋯那一刻，將自己完全放空，盡情享受在陽光、沙灘、海浪的恣意中。雖然僅是短暫的幻想，但是對於緩解焦慮、緊張的情緒效果卻是明顯的。

腹式呼吸

焦慮和緊張會讓人的呼吸變得淺而快，導致吸入體內的氧氣不足，更加重了焦慮和緊張情緒。此時我們可以嘗試一下腹式呼吸法，這種方法能夠增加氧氣攝入量，有助於人體和大腦的放鬆。

具體有以下步驟：

第一步：找一個安靜舒適的環境，坐下或仰臥躺下，閉上雙眼，盡可能讓身體舒展，讓全身肌肉放鬆；

第二步：深深吸氣，讓吸入的氣體直達腹部的丹田，同時，雙手放在小腹上，感覺慢慢隆起的小腹；

第三步：吸氣完成後，默數 5 秒，然後嘴唇微微凸起成「O」形，緩慢而勻速地呼氣。

重複以上步驟 15 分鐘左右，直到整個身體感到平靜。

肯定自己

　　當焦慮、緊張的情緒襲來時，反覆用積極暗示的方式告訴自己，「我可以」、「我要贏」、「我能行」、「我不緊張」、「平靜下來」等，通過這樣反覆的暗示，可以幫助自己漸漸消除呼吸表淺、大腦「缺氧」狀態，也能讓手心冒冷汗等本能反應消除，從而進入正常情緒狀態中，讓自己逐漸平靜下來。

　　臨場或重要的事情將要來臨時，焦慮、緊張的情緒會影響我們的正常發揮，讓我們失去更進一步的機會。因此，我們要重視焦慮、緊張的情緒，採用最適合自己的辦法將它們消除。

拍球效應 • Bounce ball effect

27 成長需要壓力，但也要懂得解壓

在拍球時，用的力愈大，球跳得愈高。

　　這就是「拍球效應」。

　　拍球效應告訴我們：承受的壓力愈大，激發的潛能就愈大；反之，人的壓力愈小，潛能被激發的程度就愈低。

　　有這樣一個小故事，可以幫助我們來理解壓力的重要性。

　　一艘貨輪在保持空船運行途中，遭遇了恐怖的風暴天氣，水手們驚慌失措，不知如何是好。此時經驗豐富的老船長果斷地讓水手們將貨艙打開，向裏面灌了一定的水。水手們都很不理解，認為往船裏灌水只會加速船下沉的速度，認為船長肯定瘋了。但是忌憚於船長的威嚴，水手們還是照做了。

　　讓水手們沒想到的是，隨着灌入貨艙內的水越來越多，船受風暴的威脅漸漸小了，再後來，貨輪竟然在風暴中平穩地前行了。

確定安全後，老船長對慢慢平靜下來的水手們說：「只有根基輕的小船才容易被打翻，百萬噸的貨輪在負重的時候是最安全的，反倒是空著的時候更危險。」老船長運用了拍球效應，才確保了貨輪和所有船員的安全。同時，這個故事也告訴我們，不管是生活，還是工作，都要有適當的壓力，才能讓我們更平穩地前行。

其實，生活中不少人因為安於現狀，失去了繼續前進的動力。可是在如今競爭異常激烈的社會大環境下，不前進就等於後退，如果只是安於現狀，只會越來越跟不上社會發展的節奏，最終的結果就是被社會淘汰。

而走在社會前端的成功人士從來不會讓自己安於現狀，或者說不會給自己過於安逸的生活，就算他們已經擁有了最好的生活，他們還是會不斷地學習，讓自己始終保持前進的狀態。因此，平凡的我們應該學習這些成功人士的思維方式，給自己適當施加一些壓力，跟上社會發展的腳步。

適當施壓，讓自己有繼續前進的動力

人生如逆水行舟，不進則退，適當給自己施壓可以促進個人的成長；但是需要注意的是，這個壓力一定要根據自己所能承受度來定。就像一個氣球，適當的壓力可以充漲氣球，讓氣球發揮它的價值；但是如果壓力太大，氣球就會爆破。就像上面故事中的貨輪，如果老船長經驗不夠豐富，雖然知道往船裏灌水可以讓船平穩下來，但如果超出了船的承載能力，不用風暴，船自己就會沉沒。

人也是一樣，在給自己施壓的時候，不能太小，太小起不到激發動力的作用；太大，又會壓得人透不過氣來，反倒會抑制前進的動力。

給自己施加壓力的最好辦法，就是制定一個稍微努力就能實現的目標。比如，一個人從事圖書編輯工作，但是因為生活沒有壓力，完成一本書的時長總要比同事晚 20 天左右的時間。但後來，他給自己定了一個目標，就是每天都要完成 5000 字的工作量，這是他稍加努力就能完成的，並且立即行動了起來。結果就是他不僅再也沒拖過書稿，還有了大量時間來做文案。

需要注意的是，給自己施壓不是自我折磨，而是為了不讓自己的意志消退、鬥志喪失、腳步落後。這也是成功人士之所以會不時地給自己施壓的原因，他們要始終保持自己的激情，始終保持睿智的頭腦，甚至保持年輕的心態。

在面對較大壓力時要會紓解壓力

在沒有壓力時要給自己施以一定的壓力，而有的人給自己的壓力太大，導致生活沒有絲毫的幸福感、成就感，這種情況一樣會阻礙前進的腳步。因此，在面對太大壓力時，我們還得學會紓解壓力。下面幾種方法不妨借鑑一下。

▪ 肌肉放鬆訓練 ▪

放鬆全身肌肉，能起到減壓作用。

方法：平臥於床上或地板上，然後開始從頭到腳放鬆身體的每一塊肌肉，先是額頭，等額頭舒展開來以後，再放鬆面部、頸部的肌肉，依次向下，直到讓整個身體都處於放鬆的狀態中。

▪ 改變思維習慣 ▪

錯誤的思維習慣會無形中給人帶來很大壓力，改變思維習慣就能起到減壓的作用。具體有以下幾種方法。

1 通過工作減壓。

2 先行動再想解決問題的辦法。

3 順其自然接納不能改變的事情。

在以上三種方法中，第三種方法——順其自然接納不能改變的事情——容易理解，既然無法改變，那就接納它。

而通過工作減壓這點，大家可能不太理解，但如果現在說到工作狂，大家是不是覺得他們就像沒有壓力似的呢？他們以工作為樂趣，只要工作就開心。當然，這裏我們要說的不是工作狂，畢竟生活中這樣的人還是太少；所以，我們主要是針對因為工作會產生壓力的人來說。怎麼減壓呢？就是將注意力轉移到不會造成壓力的隨手就能完成的工作上去。比如為一個文案一晚上沒睡覺，第二天早上在暈暈乎乎的狀態下更沒有思路；此時就不妨不去想它，直接去做點兒其他的與這個文案不相關的工作。

第二點也好理解，很多時候壓力都是想出來的。比如一個人想要創業，可是沒行動，只思考，結果想來想去，壓力就如大山般壓過來了；此時不妨不去思考，先行動起來，在行動中遇到問題直接想辦法解決。當然，這屬比較冒進的一種方法，還得慎用，那些「思想的巨人，行動的矮子」不妨一試。

▪ 藉助壓力應對策略 ▪

壓力的應對策略具體有以下幾種。

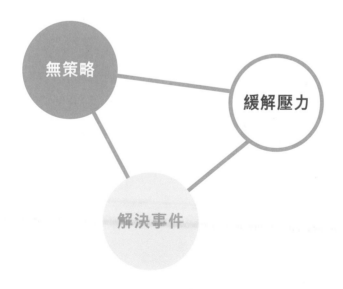

緩解壓力好理解，上面的緩解辦法都可以採用。

無策略，就是不用去管壓力，讓它自行消退。但有時候也可能會積累到很大的壓力，此時就要減壓了。

解決事件這點，就涉及壓力的產生根源了，找到壓力的來源，並去改變它，直到壓力消退。比如工作失誤給你造成了很大壓力，那麼後期通過努力，將失誤造成的損失再彌補回來，就能讓壓力得到緩解。

28 接受最壞的情況，追求最好的結果

威利·卡瑞爾，這個開創了空調製造行業的人，年輕時曾在紐約水牛鋼鐵公司擔任機修工程師。一次，他到密蘇里州去安裝一台瓦斯清潔機，可是這台機器沒能達到質量標準，勉強能用。為此，卡瑞爾焦慮得無法入睡，不過他很快便意識到，問題不能在憂慮中解決。於是，他便從憂慮中掙脫出來，改變了思路。

他首先問了自己一個問題：這件事情最壞的結果是甚麼？問過之後，他給出了自己答案，也就是老闆拆了整台機器，然後炒掉自己。

想到這個最壞的結果以後，卡瑞爾接着又問自己被炒掉之後怎麼辦，結果他發現機機維修工程師的工作並不難找。也就是說，即使是最壞的結果，他依然可以接受。

有了這個意識以後，他最後開始心平氣和地通過

實驗的方法想解決瓦斯清潔機的辦法，結果發現，只要再多加一些設備，問題就能解決。

最終，公司沒有損失，卡瑞爾也沒有被炒掉，同時收穫了一個提高質量的改進方案。

這就是卡瑞爾公式的由來，是後來由成功學大師戴爾·卡內基根據卡瑞爾的經歷總結出來的一個解決憂慮情緒的辦法，那就是：接受最壞的情況，集中精力追求最好的結果。

生活中，我們都會不可避免地遇到一些憂慮、擔心、煩惱的事情，遇到這些並不可怕，怕的是我們不敢接受事實，不懂在困境中尋求解決問題的辦法。但是成功的卡瑞爾沒有在困難中消沉、萎靡，而是讓自己保持清醒，並積極尋找辦法。因此，我們在遇到困難，陷入憂慮、煩惱的情緒當中時，不妨學習卡瑞爾，通過以下三個步驟使自己走出困境，這也是卡瑞爾公式的精髓。（圖 4-1）

圖 4-1　卡瑞爾公式

1　問自己可能發生的最壞情況是甚麼

2　問自己能否接受這個最壞的情況

3　平靜地想辦法改善最壞的情況

當然，想要順利通過卡瑞爾公式的三個步驟，還需要我們在面對困難時具備以下一些基本素質。

具備置之死地而後生的勇氣

　　想要接受最壞的結果，就得有置之死地而後生的勇氣。

　　因為一則徵兵廣告，很多年輕人都踴躍應徵入伍，這到底是怎樣一則廣告呢？它的內容是這樣的：

　　「來當兵吧！當兵其實並不可怕。當兵後，你要面對的無非兩種可能：有戰爭或者沒有戰爭！沒有戰爭，你有甚麼可害怕的呢？有戰爭後又有兩種可能：上前線或者不上前線，不上前線有甚麼可害怕的呢？上前線又有兩種可能：受傷或者不受傷，不受傷又有甚麼可害怕的呢？受傷後又有兩種可能：輕傷或者重傷，輕傷有甚麼可害怕的呢？重傷後又有兩種可能：能治好或者治不好，能治好有甚麼好害怕的呢？如果治不好就更不用害怕了，因為你已經死了，不會再知道害怕了。」能夠接受最壞的結果，需要克服自身的恐懼心理，這就需要莫大的勇氣。生命對人來説是最珍貴的，死亡會奪取人的生命，可謂是最可怕的，但同時，死亡也讓人完全沒有了恐懼、害怕的可能。如果連死亡都能接受，其他又有甚麼接受不了的呢？

保持冷靜、清醒的頭腦

　　保持冷靜、清醒的頭腦，才能真正通過卡瑞爾公式解憂除困。

　　第二次世界大戰期間，一艘日本潛艇在某處海灘意外擱淺，這還不算甚麼，更糟糕的是，這艘潛艇很快就被美國偵察機發現了。也就是説，可能幾分鐘後，美國飛機就會將潛艇炸得粉碎。一時間，潛艇上的日本官兵都陷入了慌亂和絕望之中。艇長雖然也不知如何是好，但卻盡可能地讓自己保持鎮定，並試圖讓官兵們鎮靜下來。於是他點起一支香煙，悠然地抽了起來。

　　官兵們見他如此，想着他肯定有了主意，於是迅速靠攏過來，趁此機會，艇長馬上組織大家思考對策。大家不再慌亂，辦法也很

快想出來了：很簡單，官兵們以整齊的步伐，從左舷跑到右舷，再從右舷跑到左舷；就這樣，擱淺的潛艇在左右搖擺中，慢慢向深水區移動了。美國轟炸機來了，但他們的一通狂轟濫炸也只不過震碎了淺灘的礁石，而那艘他們真正要炸掉的潛艇，已潛入了深海。

遇到困難時，只有馬上讓自己冷靜下來，才能迅速找到解決問題的辦法。

因此，以後在遇到困難、憂慮的事情時，我們不妨先問自己三個問題：

最壞的結果是甚麼？

能不能接受這個最壞的結果？

有沒有辦法不讓這個最壞的結果發生？

情緒 ABC 理論 • ABC Theory of Emotion

29 從積極的角度看問題，收穫不一樣的心情

美國心理學家埃利斯認為，激發事件 A
（Activating event）只是引發情緒和行為後果
C（Consequence）的間接原因，而引發情緒
和行為後果 C 的直接原因，則是個體對激發事件
A 的認知和評價而產生的信念 B（Belief）。也
就是說，人的消極情緒和行為判斷結果 C，不是
由激發事件 A 直接導致的，而是由人們對事件的
認知和評價產生的，而且是由不正確的認知和錯
誤信念 B 直接導致的（圖 4-2）。

圖 4-2　情緒 ABC 理論

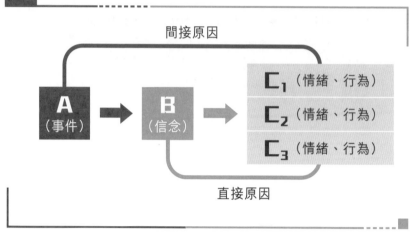

也就是說，在同樣的事件 A 下，可產生不同的後果 C，這是因為從 A 到 C，中間經歷了 B，也就是個體對事件的看法。個體對 A 有甚麼樣的評價和認知，就會產生甚麼樣的後果 C。由此就得出結論，事情發生的一切都源於我們的認知，也就是我們對事件的解釋、評價、想法等。

這就是情緒 ABC 理論。

提出這一理論的心理學家艾利斯認為：正因為我們存在的一些不合理信念，導致我們經常被不良情緒困擾。

舉個例子來說。每天擠地鐵上下班的人都知道，上下班高峰期時，整個地鐵上人貼人、人擠人，能有一個站腳的地方已經不錯了。在這種情況下，被踩腳、被推撞的現象很常見。出現這些現象的原因是上下班乘坐地鐵的人非常多（情緒 ABC 理論中的 A），可是，有些人卻認為這是自己被針對（情緒 ABC 理論中的 B），所以，便生出了不滿甚至是憤怒的情緒，一定要找到那個踩自己腳或推撞自己的人理論一番（情緒 ABC 理論中的 C）。這是由於認為別人故意踩腳或推撞而產生的後果。這也是每天大家都那麼忙、那麼累、那

麼趕時間，依然會在擁擠的地鐵上聽到大聲的吵嚷聲的原因。

　　但如果換一種想法呢？不認為自己是被故意針對的，只是因為地鐵人太多、太擁擠，別人不小心而已，沒必要跟人過不去。產生的後果可能就是一笑而過的淡然。

　　而那些成功人士是怎麼做的呢？如果有天他們也有幸擠擠無處落腳的地鐵，遇到這種事情一定會淡然一笑，或許他們還會認為那個連腳都不知道該放在哪裏的人很可憐吧，他們一定會想盡辦法騰挪一下地方，給那個人提供一個能放腳的位置！

　　因此，為了不讓消極、負面的情緒成為我們成長路上的絆腳石，我們就要從以下幾個方面來看問題，盡量避免不合理、錯誤的信念導致不良的情緒發生。

從積極的角度看問題

　　如果你內心對某件事產生負面情緒時，不妨試着從另外的角度來重新思考一下。

　　舉個例子。工作過程中，上司詢問你手頭上工作的進展，這可能就是常規的詢問工作進度。

　　但是，當你看到上司的詢問之後，心情開始起波瀾了，有些不太舒適：是不是上司認為我工作不夠努力，想要找人來替代我？我已經很努力了，上司覺得我的進度還是太慢？

　　於是，你在回答上司的詢問時，告訴他基本完成了，但事實上，還需要一些時間來收尾。結果上司聽説基本完成了，便與你一起約定最後結束工作的時間。此時你説的時間不能太長，因為已經説了基本完成了，然後硬着頭皮不得不説一個較近的時間，這樣一來，工作就不得不草草結尾，敷衍了事了。上司看到這樣的結果會怎樣呢？很顯然，你的獎金沒了，工作轉交同事做了，而你很可能會為此辭職回家。

　　上司詢問工作情況，自己妄自揣摩理解上司的意思，產生疑慮、不快的情緒，給出不切實際的答覆，最終導致辭職的結果。

這就是不正確的認知和評價產生的錯誤信念導致了消極負面的情緒和行為結果。

　　但若是從一開始你就積極地理解上司的問題，將上司的詢問理解成是上司在關心、關注你的工作，在詢問你工作中有沒有存在甚麼困難，需不需要幫忙等，那麼接下來，你的心情會不會因為有上司的關注而馬上興奮起來呢？接下來，是不是也會實話實說，還需要一小段時間收尾？這樣也就不會因為時間緊張而草草結尾了，自然後面扣獎金、辭職的事情也就不會發生了。

　　其實，諸如此類的事情在職場中比比皆是。1997 年，邦德大學管理學教授辛西婭‧費希爾就開展了一項研究，是專門針對工作中的情緒的。費希爾的研究顯示，職場中最常見有以下一些負面情緒（圖 4-3）。

圖
4-3　職場中最常見的負面情緒

憂慮 / 緊張

憤怒 / 加重

挫折 / 刺激

失望 / 不滿

不喜歡

　　也就是說，職場中，我們經常會被負面情緒所困擾，但是有負面情緒，勢必會影響和阻礙工作，甚至影響你的個人發展。因此，在遇到問題時，還是要多從積極的角度去看待和考慮，這樣就能產生積極的情緒。

正確看待他人對自己的負面評價

很多人對別人給自己的負面評價很難客觀看待，畢竟聽着別人說自己不好的時候，心裏總是不舒服。但是，這種評價也要作區別。

如果是有人故意針對你，歪曲一些事實，故意抹黑你，那麼你可以想辦法找出他們的真實意圖，並揭露他們。但如果這些評價不是針對你個人，而是對你的工作、你的想法提出的異議，那就返回去仔細翻查工作，看到底是哪裏出了錯，此時對評價給出的情緒反應該是感激，而不應是委屈、自責，抑或是不屑等。

比如，在公司全體成員會議中，同事當着大家的面指出你文稿中出現的語言邏輯性問題。諸如這種情況，很多人都會接受不了，你也一樣，你認為這是同事當着大家的面讓自己難堪，所以對同事心生怨憤。其實，你的文稿中確實存在語言邏輯混亂的問題。那麼，此時就不該有怨憤，而是虛心接受，在接下來的工作中將這些問題克服掉。

「一些人往往將自己的消極情緒和思想等同於現實本身，」心理學家米切爾‧霍德斯說，「其實，我們周圍的環境從本質上說是中性的，是我們給它們加上了或積極或消極的價值，問題的關鍵是你傾向於選擇哪一種。」因此，遇到問題我們如果多從積極的角度看待，賦予它積極的價值，就能收穫積極的心情。

所謂格局，就是指一個人的眼界和心胸。站在高處和長遠的角度來看問題，很多事情都會變得簡單且富有節奏，但如果僅站在同一時間、空間內看問題，勢必會因為眼界的局限性而無法再有突破。俞敏洪說：「心若不死，就有未來。」、「夢想有多大，舞臺就有多大。」儘管曾經卑微、迷茫、無助，儘管遭遇搶劫、命懸一線，但他站起來，依舊英姿颯爽地出發前行……這就是人生大格局！想要人生有所突破，首先要改變格局思維。

第五章

格局思維

決定你上限的不僅是能力

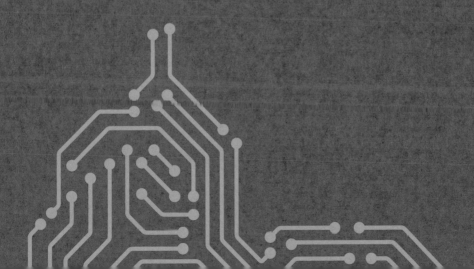

瓦倫達效應 ● Karl Wallenda Effect

30 成功者都是能笑看成敗的內心強大者

瓦倫達是美國著名的高空走鋼索表演者,並以精彩、穩健的高技術表演被人知曉,在一次重大的表演中,他不幸失足身亡,然而在那之前,他從來沒有出現過任何事故。在那一次表演開始前,一位重要的客人將要來觀看他的表演,並且全場都是美國知名的人物。他很清楚那一次表演的重要性,因為只要成功,就能提升他的知名度並奠定他的行業地位。

因為太想成功了,從前一天開始,他就不停地仔細想着每一個動作、每一個細節。演出開始了,他沒用保險繩。在走前一半的時候,他走得很平穩,但是走到鋼索中間,做兩個對他來說難度並不大的動作時,他卻不慎摔了下去。

事後，他的妻子告訴大家，她知道可能會出事；因為上場前他不停地念叨着，這次一定不能失敗，千萬不能失敗。而在之前的表演時，他心裏想的一直都是走鋼索這件事，從來沒考慮過其他的事情。

這種為達到某個目的而患得患失的心態被稱為「瓦倫達效應」。

瓦倫達效應在日常生活中很常見，仕去應聘面試，手心滿是冷汗的時候，你有沒有不停地跟自己說「應聘要成功」呢？在進入決定人生走向的考場前，你有沒有和自己無數次地説「千萬不能考不好」呢？在進入一個陌生的環境前，你有沒有無數次告訴自己「千萬不能害怕」呢？……看似是在个斷地給自己加油打氣，結果讓白己背負上了沉重的心理包袱。

為甚麼無數次的加油打氣反倒成了沉重的心理包袱呢？我們來看下美國斯坦福大學的一項研究結果。

美國史丹福大學的一項研究表明，反覆想某一圖像，就會讓這個圖像像實際情況那樣刺激人的神經系統。就比如進考場前不停跟自己說「不能考不好」，但大腦中一直在出現「考不好」的情景，而這種情景一直都揮之不去，也就是說，愈是不想有那個結果，大腦中愈是呈現那個結果的情景。最後，真的事與願違，考不好了！這一項研究其實也證實了瓦倫達效應心態。

這就是做事過程中太在乎結果，大腦中被各種慾望填塞得滿滿的，身體被思想重擔壓得喘不過氣來，在這樣的重負下，我們很容易偏離預定的航道，離成功的目標越來越遠。

縱觀那些有出色成就的人，他們很少會患得患失，對得失看得很淡，而且愈接近他們，你愈會發現他們身上有普通人沒有的特質。

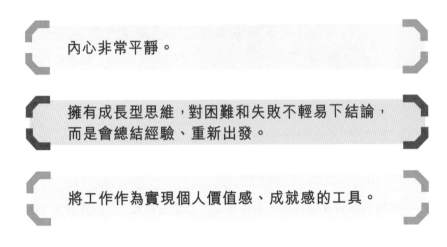

內心非常平靜。

擁有成長型思維，對困難和失敗不輕易下結論，而是會總結經驗、重新出發。

將工作作為實現個人價值感、成就感的工具。

因此，在前進的路上，我們要像那些優秀的、出色的人士學習以下一些特質，避免瓦倫達效應心態的產生。

正確看待失敗

很多人患得患失，其實就是擔心失敗，只有將失敗看作越來越接近目標的途徑，從中總結經驗，再蓄勢出發，最終才能順利到達我們想去的地方。

就像愛迪生發明電燈的經歷，在試用燈泡材料時失敗了無數次。當被記者問到為甚麼失敗了這麼多次後還不放棄時，愛迪生說：「我從來沒覺得那是失敗，每次失敗後，我都覺得我又淘汰了一種不適合做燈泡的材料，這讓我相信我離自己想要的目標更近了一點。」這就是成功人士的思維，他們不在乎失敗本身，而是在乎失敗背後對事實和真相的探索、對世界抱持的好奇心，這種思維讓他們的內心越來越強大。

保持專注

　　瓦倫達之所以在那次之前沒有出現過一次失誤，原因就在於他的專注。專注讓他將注意力高度集中在了走鋼索本身。而在這個過程中，以下幾個因素起了主要作用。

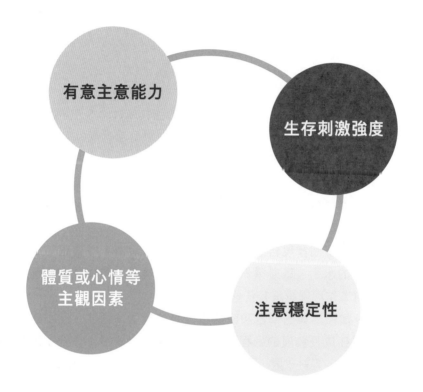

　　有意注意力是一種服從於一定活動任務的注意，它受人的意識控制和支配。當專注於某件事時，人們的這種有意注意力會非常強。在每次成功走鋼索的過程中，瓦倫達始終將注意力集中在走鋼索上，這種有意注意的能力超級強，不會受到其他因素的一點干擾。

　　對生存的刺激強度愈高，人的注意力就愈強。沒有任何安全防護措施的情況下在高空走鋼索，無疑是對生存的一個巨大刺激，由此瓦倫達的注意力在這種情況下活化了。

在同一事物、同一活動中注意所能持續的時間，被稱為注意穩定性。注意穩定性能確保人在完成活動時的高效率、高質量，是建立在對活動的意義深刻的理解、積極的態度、濃厚的興趣之上的。

個體的體質與心情等因素會誘發瓦倫達效應心態的產生，比如睡眠不足、心情不佳、疲倦不堪、身體患病等情形，都難以讓注意力集中。所以，對事情專注，還得保持良好的睡眠、心情、身體狀態等。

做到情緒的適度喚起

很多人患得患失，也有一部分原因是緊張；所以，不管是比賽，還是考試，抑或是其他重要的場合，都會被提醒要放鬆，但是這種放鬆是要完全放鬆嗎？英國的心理學家羅伯特·耶基斯和多德森發現：「當一個人輕度興奮的時候，他往往能將工作做到最好；當一個人沒有一點興奮的時候，他往往會缺乏做好工作的動力；當一個人極度興奮的時候，隨之而來的壓力往往會使他無法完成本可以完成的工作。」這個發現告訴我們：在工作和學習中，想要正常或超常發揮自己的水平，就必須做到情緒的適度喚起，過於緊張和過於懶散都是對工作和學習沒有任何益處的。

此外，加強專業的學習和訓練也是避免產生瓦倫達效應心態的關鍵。我們在成長發展的過程中，還要不斷加強學習，在強硬的專業知識基礎上，笑對成敗，強大內心。

韋奇定律

31 非凡成就，離不開 正確而堅定不移的信念

即使你已經拿定了主意，但若有 10 個朋友提出 和你相反的想法，你就很難不動搖。

這就是美國洛杉磯加州大學經濟學家伊渥·韋奇提出的「韋奇定律」。

韋奇定律告訴我們：確立了自己想要的目標之後，就一直朝着目標走下去，不要被別人的閒話動搖，不要過於在乎別人的想法、看法，堅定實現目標的信念，努力達成自己的人生目標。

在生活中，有理想、有抱負的人大有人在，尤其是在如今「大眾創業·萬眾創新」的時代背景下，越來越多的人想要挑戰不一樣的人生。然而，事實上，真正成功走到自己初定目標的人並不多。深究其中的原因，恐怕有很多都是在他人的「建議」中讓自己的理

想在中途夭折的。

因此，我們想要實現個人的人生目標，想要獲取更大的成就，無論是事業，還是生活，都不能輕易被外面的聲音所左右，不能隨波逐流、盲目跟風，要有自己堅定不移的信念。試想，如果馬雲、馬化騰等人因為當初無數人的質疑、嘲笑就放棄自己的夢想，還能有如今影響世界的巨大成功嗎？

但是，行走於人世間，想要不受他人的影響，何其困難。我們又該如何做才能堅持自己的信念呢？不妨讓我們來看看韋奇定律告訴我們的四個觀點。（圖 5-1）

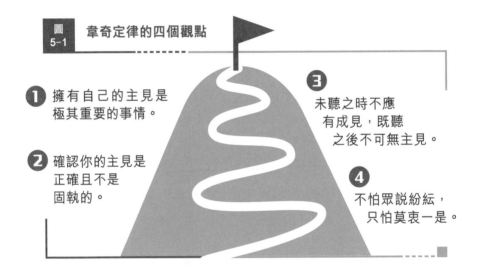

圖 5-1　韋奇定律的四個觀點

❶ 擁有自己的主見是極其重要的事情。

❷ 確認你的主見是正確且不是固執的。

❸ 未聽之時不應有成見，既聽之後不可無主見。

❹ 不怕眾說紛紜，只怕莫衷一是。

有非凡成就的人都有自己的主見

我們先來看一下韋奇定律告訴我們的第一個觀點：擁有自己的主見是極其重要的事情。但凡能做出成就，尤其是非凡成就的人，一定是有主見的人，因為有主見；他們才能堅定不移地堅持自己的

信念不動搖。而沒有主見的人，在人生路上不斷搖擺，終歸不是失敗，就是遭受巨大損失。我們就以世界石油鉅子保羅‧蓋提為例來說吧。

蓋提一生中犯過三次嚴重的錯誤，這三次錯誤讓他損失巨大，而同時這三次錯誤都是因為他聽信了他人的話。

第一次：蓋提憑藉自己的經驗，判斷奧克拉何馬州的一塊地藏有豐富的石油資源，於是將那塊地買了下來。他請來地質專家進行勘測，結果專家告訴他，那塊地下沒有一滴石油，建議他還是將地賣了。他聽信了專家的話。可後來的事實證明，那塊地是石油高產區。

第二次：1931 年，美國正經受經濟危機的影響，股票價格非常低，蓋提通過判斷，認為在經濟基礎較好的美國，經濟形勢會很快得到好轉，股票價格也能飆升，於是就買下了墨西哥石油價值幾百萬的股票。可是接下來的幾天，股市繼續大幅下跌，蓋提並沒有恐慌，認為股市已經跌到了最低點，接下來就是上升，可他的同事們此時卻認為他該將手中的股票全部拋售。在大家的一致建議下，他的意志開始動搖，最終還是將股票全部拋售了出去。結果，接下來的事實證明，股市開始上升，墨西哥石油因為蓋提的拋售賺得盆滿缽滿。

第三次：1932 年，蓋提認為中東石油有巨大潛力，於是就派談判代表去和伊拉克政府進行交涉，打算在伊拉克買下一塊地的開採特許權，而那時，買下一塊地只需幾十萬美元。但是，當時世界原油價格出現波動，他的朋友們認為當時去投資中東石油只會虧本。蓋提第三次聽信了他人的話，終止了談判。但結果是世界原油價格得到了穩定，而 10 多年後，他提着 1000 多萬美元買下了那塊地皮的開採特許權。

經過這三次錯誤的深刻教訓，蓋提總結出一條人生哲理，他說：「真理往往掌握在少數人手裏，失去了自信，你也就失去了一切。」因此，接下來，他始終堅持自己的判斷，最終躋身於美國最成功的商人行列。

蓋提的人生可謂精彩，但試想，如果在三次錯誤之後，他還是不能堅持自己的主見，還能創造影響美國經濟的商業帝國嗎？

因此，我們在成長的路上，要懂得堅持己見，不能人云亦云。

堅定信念，不是固執己見

韋奇定律告訴我們的第二個觀點：確認自己的主見是正確且不是固執的。這點非常重要，有自己的主見、堅定自己的信念沒錯，但如果固執己見、一意孤行，勢必會吃虧。生活中不乏因為固執而撞碰壁的例子。例如，一個完全沒有商業頭腦的人，非要拿着政府給的拆遷賠償經商，即使親戚朋友一再勸導，還是不聽；結果，不到一年的時間，將上千萬的拆遷款全部搭進去不說，還欠了一大筆的債，倉庫中當初被他引以為傲的產品也因滯銷而黴變。這就是固執、一意孤行導致的後果。

因此，要確保自己一直堅持、堅定不移的信念一定是正確的、可行的。

法國著名文學家巴爾扎克的父母一直希望他能成為一名律師，但是他一直想寫作，雖然已經拿到了法學學位，還進了一家知名律師所，可是他還是放棄了有穩定收入的律師工作，開始了寫作之路。

在寫作過程中，他並沒有像樣的文章發表；於是他的父母讓他承諾若在兩年內還是寫不出像樣的作品，就必須回去做律師。在這種情況下，他終於完成了第一部詩劇《克倫威爾》；然而，當一位很有名望的作家看了後，告訴他的父親説他完全不適合搞文學創作。

這個評價無疑像一記重拳給了巴爾扎克巨大的打擊，可是他認為自己的興趣在寫作上，他的堅持是沒錯的，他只要繼續寫，一定可以寫成好作品。於是，在他的堅持下，他終於創作出了轟動文壇的巨著《人間喜劇》。

巴爾扎克的堅持無疑是正確的。我們想要判斷我們的堅持是不是正確，我們的信念是不是符合我們的目標，其實從我們平時的興趣愛好、擅長領域、自己專注的事情等方面就能判斷出來。如果並

不是你擅長的，且做起來異常吃力，還要一味堅持，勢必會撞得頭破血流。

其實，驗證你的堅持是不是正確，還可以通過韋奇定律告訴我們的第三個觀點來判斷：未聽之時不應有成見，既聽之後不可有主見。每個人看問題的角度不同，提出的觀點也不同。有道是「三人行，必有我師」，博采「百家之長」才能不斷充實自己，才能看到自己想法的不合理性、不確定性和不可行之處。

當然，可以虛心接受他人的意見、建議，可以通過這一渠道驗證自己的想法是否正確，但不要忘了最重要的還是要有自己的判斷，千萬不能像前面說到的蓋提一樣，一而再再而三地為輕易聽信他人埋單。

韋奇定律的第四個觀點：不怕開始眾說紛紜，就怕最後莫衷一是，就告訴我們「兼聽則明，偏信則暗」，在辨別他人的意見、建議時，首先要多聽、多看、多思考，但同時還不能脫離了自己的本心，不能被他人的思想所左右。

想要做出非凡的成就，就要有相應的格局：走自己的路，讓別人去說！

態度效應 ● Effect of attitude

32 像善待自己一樣善待生活

有人做了這樣一個有趣的實驗：將兩隻猩猩分別放進牆壁上裝了許多塊鏡子的兩個房間裏。

其中一隻平時性情溫順的猩猩，進入房間後，看到鏡子中有許多和自己一樣溫順、友善的「同伴」，於是，馬上就和「同伴」們打成了一片，奔跑嬉戲，彼此和睦相處。三天後，這隻猩猩戀戀不捨地被實驗人員牽出了房間。

另一隻猩猩則平時性格暴烈，進到房間後，馬上便看到鏡子中有許多對自己不太友好的「同類」，它們都露着凶惡的眼神，就像是馬上要跟牠大幹一場的樣子。牠馬上就被激怒了，於是開始與這群「同類」無休止地纏鬥和追逐。三天後，當實驗人員要將這隻猩猩帶出房間時，牠已經氣急敗壞、心力交瘁而死。

這種以不同的態度對人對事，而得到的結果也不同的現象，被心理學家稱為「態度效應」。

作家薩克雷說過：「生活是一面鏡子，你對它笑，它也會對你笑；你對它哭，它也對你哭。」這就是態度效應的精髓，也是給我們人生的最大啟示。人生就是這樣，你有怎樣的態度，就會有怎樣的人生。你對待人生熱情洋溢，那麼，你的人生到處都會充滿溫暖的陽光；你若對待人生冷酷無情，那麼，你的人生就會反饋給你一個沒有色彩的、冷冰冰的世界。

然而，有大格局、大理想的人，絕不會只讓自己沉浸在世界的陰暗面中頹廢度日、讓自己一天比一天頹，他們會像善待自己一樣善待生活，會用積極的行動去創造自己想要的生活，會用積極陽光的心態去迎接每一個可能會遇到的挑戰。因此，我們也要會出與這些擁有大局觀、大理想的人一樣的態度去善待生活。當然，想要做到像善待自己一樣善待生活，還要做好以下幾點。

將每一天都當作世界末日去生活

我們先來看一個例子。曾經有一個人，兒時活潑開朗，走到哪裏，都能給人帶去一抹陽光般的溫暖和喜悅，周圍的人，沒有誰不喜歡她。可是長大後的她，完全失去了兒時的開朗、機靈和活潑，眼神中也沒了往日的風采，而是滿滿的柴米油鹽和對人生了無生趣的神態——長大後的她完全被生活的瑣碎困住了，她再也無法帶給人陽光般的溫暖了。

我們接着來看才華橫溢的演員張鈞甯的微博，你會發現她的每一天都充滿了陽光，燦爛無比。她熱衷運動，跑步成了她工作之外最重要的一個部分。她也愛旅遊，會去不同的城市感受不一樣的人文地理，從不同的角度看待世界。

她有一個行動清單，上面列滿了大大小小的行動計劃，包括各種極限挑戰，也包括生活中的小事，對於這些小事，她一樣看得很重，一樣會讓它們變得精彩紛呈。所以，透過張鈞甯的微博就能發

現，她的日常生活充實而精彩，從來沒有生活中他人認為的無聊、無趣等感覺。

這就是不同的人生態度帶給人的不同人生感受。有句話叫「將每一天都當作世界末日來過」，僅有一天的人生了，為甚麼還不用心而充分地享受它的美好呢？多抬頭看看天空中灑下的溫暖的陽光，多看看那一張張充滿微笑的臉龐，多聽聽那一首首愉悅心情的歌曲⋯⋯對待生活的態度本該如此！

善待工作的態度終歸會讓你成名

態度效應告訴我們，我們怎麼對待工作，工作就會讓我們有怎樣的收穫。知道那個常被人說起的三個工人砌牆的故事嗎？當有人問他們在幹甚麼的時候，他們的回答分別如下：

第一位（滿臉不屑的表情）：還用問嗎？你難道沒看到嗎？我正在用這些重得要命的石頭砌牆啊！沒看到我已經累得快不行了嗎⋯⋯

第二位（面無表情）：我在蓋一幢高樓啊！不過這幢樓裏沒有我的房子。

第三位（滿面笑容）：我在建造美麗的城市，現在正在建的這幢大樓是這座美麗城市的標誌，我為自己能夠建造這樣的大樓而感到自豪和榮耀。

十年過去了⋯⋯

第一位：依然在砌牆。

第二位：當上了工程師，在辦公室中畫着設計圖。

第三位：成了前兩個人的老闆。

有句話說得好：「如果你有智慧，那麼請表現出來；如果你缺少智慧，請拿出汗水。」無論你從事的是怎樣的工作，只要你像善待自己一樣善待工作，願意付出智慧和汗水，都能得到上司和同事的尊重和肯定，讓大家看到你自身的價值。

善待世間的所有人、事、物

　　人世間最具威力的武器是善良的心靈，一笑泯恩仇，一個善意的微笑可以化解仇人心中的憤怒。心中有着愛與善，一草一木都會變成小精靈，你捨不得去踩踏它們，捨不得看着它們枯萎凋謝。

　　有句話說得好，「當你握緊拳頭時，好像抓住了許多東西，其實連空氣都沒抓到。當你張開雙手時，你好像兩手空空，但其實全世界都在你的手心」。很多人在生活和工作中會帶着自我防衛的心理、會戴着「有色眼鏡」看待他人，隨時都提防着他人，搞得自己疲憊不堪。可當你將心門打開，用你的善良和友愛善待世間的一切人、事、物時，你會發現，整個世界如此美好，心情如此清淨。所以，放下戒備心，試着去接納別人，善待他人。

轉換理論 • Conversion Theory

33 做「反對者」，不做老好人

美國社會心理學家哈羅德・西格爾做過一個非常出色的研究，最終結果表明，當一個問題對某個人來說非常重要時，如果他在這個問題上能使一個反對者改變意見並同意他的觀點，他寧願選擇那個反對者，而不選擇從開始就給予他同意的支持者。

這就是「轉換理論」。

轉換理論告訴我們：雖然老好人顯得性格溫和，做人厚道，對別人的觀點一般不會持反對意見，也很少會拒絕、得罪他人，但同時也是沒有自我原則的人，常為牆頭草，被人視為軟弱無能的表現。

因此，有着自己的獨立想法、敢於堅持並發表自己觀點的人，往往更能受到大家的喜愛和尊重。

縱觀社會上那些有着卓越成就的人，他們都不是人云亦云的老好人，都是敢於發出自己的聲音、有着自己獨立思想的人。因此，不管是在生活中還是在工作中，我們都要做那個「反對者」，不做老好人。

為甚麼老好人會不受待見

下面我們就具體來看一下老好人不受待見的具體心理原因，主要從以下幾個方面來解釋。

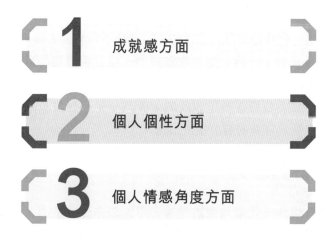

1 成就感方面

2 個人個性方面

3 個人情感角度方面

首先，從成就感方面來解釋。大家先來感受一下：在經過自己一番辯論或潛移默化的影響後，從一開始就與自己立場相對、持反對意見者，改變了他的立場，與你站在了同一立場上，這個時候，你會不會覺得成就感瞬間爆棚？會不會覺得自己還是很有能力的，會不會讓自信心馬上提升許多？

而那些老好人呢？他們從一開始就附和你的觀點，從不提出半句反對意見，當你最終取得了反對者的支持後，又怎麼可能會從老好人那裏獲得成就感呢？

其次，從個人個性方面來解釋。有自己獨特的個性，做事堅持自己的原則，能夠明辨是非，不會隨便附和他人的觀點，這樣的人本身就自帶獨特的魅力，是讓人崇敬的。能夠得到這類人的支持、贊同，自己無疑是得到了他們的認可和肯定，這是讓人心情非常愉悅、非常驕傲自豪的事情。

而老好人沒有自己的個性，唯唯諾諾，就算得到了他們的認可，又談何驕傲和自豪呢？別說心情愉悅了，恐怕還會讓人反感。

最後，從個人情感的角度方面來解釋。每個人都希望自己魅力獨特，能得到與他人不同的待遇。可是，老好人不是只對你好，而是對誰態度都一樣，因此你不會覺得從老好人那裏得來的待遇多麼珍貴。不過，有自身原則、個性的人，他們不會輕易去接觸某個人，如果他們接觸你了，而且還非常欣賞你，並且希望能夠真心相待，那這份情誼就顯得格外珍貴了。

因此，想要和那些有所成就的人看齊，就不要成為老好人中的一員，一定要將自身的魅力綻放出來。

擁有批判能力

在訊息爆炸時代能夠明辨是非、不人云亦云的能力，是保持思想獨立、能夠理智發表自己聲音的能力。這種能力可以讓人保持思考的自主性和邏輯的嚴密性，不會被動全盤接受他人的觀點，同時又不會刻意帶着偏見去反對別人的意見。

想要擁有批判能力，我們還要做好以下幾點。

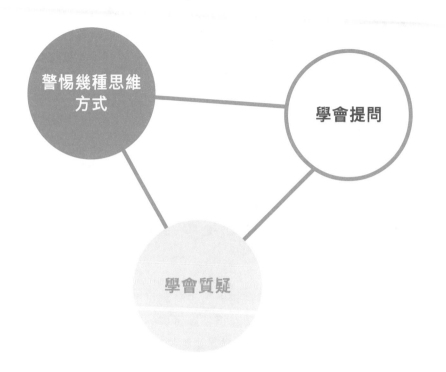

首先，我們來看看要警惕哪些思維方式：

依靠常識、直覺、第六感判斷是非的思維方式。直覺有時候可以有，但一定是建立在知識、經驗等的積累之上的，即使如此，依然不能完全或過於相信自己的直覺。

依靠個人經歷進行判斷的思維方式。例如，「我爸爸……」這種思維方式容易以偏概全，不具有代表性。

完全接受專家觀點的思維方式。即使是領域內最權威的專家，發表的也僅是個人的觀點，並不一定就是真理，還要具體看看他的主修課題是甚麼，有甚麼拿得出手的成果。

其次，要學會提問。作為一個讀者或者聽眾，當閱讀或傾聽他人的觀點時，要在保持專注和理智的基礎上，保持自己獨立思考的能力和判斷的能力，對其中的問題要有自己的判斷。尤其是面對他人的論點時，要敢問對方的論據支撐是甚麼，論據來源是甚麼。

最後，要學會質疑。

很多論點可能是一個設想，此時要學會質疑他們的論點，有沒有理論依據，有沒有相關的實驗證實。如果沒有，就不能被權威或者主流的聲音嚇倒，要敢於發出自己的「反對」聲音。

樹立自己的邊界

邊界指的是一種尺度，規範我們在甚麼範圍內能夠做甚麼事情。不管是對人，還是對事，我們都要有自己的邊界思維，只要超出這個邊界範圍我們就要果斷拒絕。當我們的邊界清晰分明的時候，我們就不會猶豫、糾結、畏首畏尾，會是一個有原則、有主見、立場分明的人。

舉個例子來說，三家公司的主營業務都是會議組織培訓，但是其中兩家看到和某大學院校合作辦證書有利可圖，於是便拉着第三家想要一起做。但是第三家認為這種辦證書的方式不太合規，這觸碰到了他合規合法的經營原則，於是果斷拒絕了其他兩家公司。

合規合法的經營原則就是第三家公司負責人給自己樹立的邊界。這樣的人才更容易得到他人的尊重。

有原則、有主見、立場分明的成就卓越者，是讓人欽佩的，我們要向他們靠近，做那個「反對者」，不做老好人。

南風效應 • South Wind Law

34 優秀人士都具備「溫性」思維

法國作家拉封丹寫過一則寓言，講的是北風和南風比試，看誰能脫掉行人的大衣。北風馬上就來了一個強硬的凜凜寒風，讓寒冷直入骨內。結果行人不但沒有將大衣脫掉，反而將大衣緊緊裹在身上。南風則沒有北風那麼凜冽，而是徐徐吹動，頓時讓天氣風和日麗，行人開始感到溫暖，因此解開鈕扣，接着脫掉了大衣。結果很明顯，南風獲得了勝利。

這則寓意深刻的寓言被社會心理學家稱為「南風效應」，也叫「溫暖法則」。

南風效應告訴我們：絕大多數的成功者都具備「溫性」思維，正是在這種思維的引導下，他們帶給了人溫暖，帶給了人舒適，而不像北風那樣強硬，或者兩敗俱傷。

這種「柔性」思維相對於「剛性」來說，更顯風度，也正是因為有這種思維，那些成功者才令人敬仰、欽佩。當然，擁有「柔性」思維，首先還是要具備「柔性」特質。那麼，我們又該從這些成功人士的身上學習哪些「柔性」特質呢？下面我們就來具體看一看。

寬容

寬容是一種高尚的道德情操，是對人的寬恕、包容、關懷、呵護、理解、體諒等。在面對人的缺點、錯誤等時，大多數的成功人士不會厲聲呵斥、責備，而是會給予更多的關愛、理解和體諒。當然，這種理解、關愛等，也是建立在個人原則基礎上的，與老好人有着本質的區別。如果觸碰了他們的底線、原則，那麼，他們也會採用自己的方法給予對方懲罰的。

我們為大家舉一個周總理的例子。一天，理髮師正在為周總理刮鬍子，不想正在刮的時候，周總理突然咳嗽了一聲，結果臉一下子就被刮破了。理髮師很緊張，還擔心周總理會罵他一頓呢！結果沒想到，周總理在看到他不知所措的樣子時，反倒讓他放鬆，並且說：「不能怪你，是我的問題，我咳嗽沒有提前和你說，你又怎麼知道我要咳嗽呢？」雖然這是一件很小的事，但也體現了周總理的寬容美德。

我們平時在待人處世時，也應該具備像周總理這樣的寬容美德，才能讓成長之路變得順暢。

奉獻

奉獻是默默為他人付出，心甘情願，不求回報。優秀的成功人士基本都具有這種奉獻精神，或者說願意去為人、為社會做出貢獻。我們在此舉一個華為總裁任正非的例子。

1994 年 6 月，華為的 C&C08 數字機問世。7 月的時候，因為用戶版後膜電路來料不好，測試進度非常慢，為了趕上進度，測試人員集體熬夜加班，該吃夜宵了，卻沒一個人離開工作崗位。眼看

就夜間 12 點了，測試還是不順暢，可此時車間大門被打開了，任正非圍着圍裙、戴着廚師帽，帶着幾個食堂工作人員給大家推來了餐車。放好餐車後，他就開始給大家盛飯，同時熱情招呼大家喝些雞湯，還叮囑大家要注意休息，不要經常熬夜。而整個車間的測試人員都被任正非這種甘願為員工服務、為員工奉獻的精神感動了，吃完夜宵後，沒想到，測試竟然變得順利起來，不到一個小時的時間就全部測試完了。

不光是任正非本人甘願為他人奉獻，他還將這種精神傳播給了整個集團的員工，哪怕是海外的員工。例如，2014 年在西非伊波拉疫情暴發時，其他跨國公司都將員工撤走了，只有華為的中國員工留了下來。他們與客戶肝膽相照、共同進退，對客戶需求的滿足速度也絲毫沒有因疫情而受到影響。正是這種奉獻精神，贏得了客戶的信任和尊重，從而使華為拿下了大訂單。

我們應該學習任正非以及整個華為集團的奉獻精神，在成長路上多一些能夠攜手共進的支持者。

德行

德行是具有精神、意志和感情的一種品質，高尚的德行會讓人散發出超強的人格魅力，優秀的成功人士也非常注重自己的德行，並通過人格魅力產生的威望潛移默化地影響周圍的人。正如《道德經》中所說：「君子以厚德載物。」具有高尚德行的人，自身具備自然而強大的吸引力和感召力，這種力量或許你能看得到，也或許你僅是憑感受；但不管怎樣，你只要接近這樣的人，哪怕他不說一句話，你依然能夠感覺到那股真正從內心深處透出來的力量，你就會情不自禁地願意與他為伍，去支持他、肯定他。

當然，具備「柔性」思維的人，擁有的遠不止以上這些特質，他們是具有良好道德修養的人，是具有超強人格魅力的人，他們尊重他人、謙讓他人、幫助他人，他們講誠信、講奉獻、講友善……在成長的路上，我們也要努力成長為有高尚德行的人、有強大人格魅力的人、有「柔性」思維的人。

隧道視野效應 • Tunnel Vision

35 目光放遠，才能看到更好的自己

有過駕駛經歷的司機都知道，當在隧道內駕車時，他獲得的就只是前後和兩側非常狹窄的視野，然而，當車駛出隧道後，視野立刻就開闊起來。

這種現象被人們稱為隧道視野效應。

隧道視野效應告訴我們：就像在隧道中開車一樣，一個人在看一件事情的時候，不能僅看當下，更應該放遠眼光，看到事情將來的發展，同時還要奔着「隧道出口的亮光」不停地前進。當一個人將目光放遠，並堅定不移地朝着心中的「亮光」展開行動時，他就能看到更好的自己。

堪稱世界電影史上無與倫比的傳奇電影《鐵達尼號》，上映後不僅打破了全球影史票房紀錄，還在第 70 屆奧斯卡金像獎上獲得了包括最佳影片在內的 11 個獎項，導演占士‧金馬倫也因此部影片獲得了奧斯卡最佳導演獎。對金馬倫來說，這一巨大成功與他的遠見卓識不無關係，雖然在準備拍攝和拍攝的過程中，都遭遇了巨大的

困難，但他依然沒有退縮，堅持拍完上映了。

事情是這樣的：在此之前，金馬倫已經拍過不少票房很好的大片，但他認為自己還有很大的突破空間，於是他沒有拘泥於以往的成績，而是想在一艘船上拍攝一部長達 3 小時的「羅密歐與朱麗葉」的愛情電影。

可金馬倫之前拍的都是動作片，且長度在 2 小時左右，3 小時的電影，是從來沒有嘗試過的；所以，老闆在聽完他的想法後連連搖頭，可是金馬倫沒有退縮，用以往的成績與老闆對話，最終老闆相信了他，但是卻提出了一個比較嚴苛的條件：嚴格按照預算拍攝。

結果拍攝期間，實際支出嚴重超出預算，待到預算全部用光後，公司態度強硬地要求立刻停止拍攝，但金馬倫知道他這部電影的價值，於是決定放棄自己幾千萬美元的報酬，用這筆錢繼續拍攝剩下的部分。

事實是，上映之後，《鐵達尼號》當時的票房超過了 18 億美元；此後，1997 年至 2010 年間，始終沒有一部電影能超過這部電影。電影公司為了補償金馬倫，拿出了整整 1 億美元作為分紅給了他。

《鐵達尼號》能在當時跑出，還在於金馬倫看到了當時的時代變化潮流方向，已經開始從動作片向愛情片轉移，再加上他自身的影響力和影片本身的故事魅力，才讓更多的觀影者願意走進影院去先睹為快。

從金馬倫的成功我們就能看出一個人有遠見卓識的重要性。生活中很多人錯過了太多的好機會而沒能抓住，就在於缺乏遠見。

有句話叫「識時務者為俊傑」，有長遠眼光，認清時代潮流，才能成為更出色的人。金馬倫是這樣的人，而我們想要有所成就，或者說想要有更大的成就，就要像他一樣具備長遠的眼光。然而，怎樣才能讓自己眼光長遠呢？有了長遠眼光又需要哪些思維才能讓自己獲取更大的成就呢？我們具體來看一下。

眼光長遠需要具備的能力

想要眼光長遠，離不開敏銳的洞察力、快速的決斷能力以及靈活的應變能力等。下面我們就來看一下。

▪ 敏銳的洞察力 ▪

洞察力是一種能夠快速、準確抓住問題要害的能力，具不具備洞察力，與能否在關鍵時刻抓住機會、做出決策有着非常大的影響；因為，洞察力強，就能提前意識到別人還沒有意識到的問題，進而認識和分析不同事物之間的聯繫。由此，平時就要多注意對事物進行觀察和分析，關注相關的事件動態。久而久之，就能鍛煉出透過現象看本質的洞察力。

▪ 快速的決斷能力 ▪

面對事情，能迅速做出判斷、選擇並形成方案的能力為決斷能力。是不是能在關鍵時刻做出判斷、選擇，是能否贏得僅有機會的關鍵。因為在機會面前，總是不缺競爭對手，只要你的判斷和選擇稍微慢了一點兒，可能就被競爭對手佔了先機。所以，平時要多有意識地培養自己做事果斷、堅毅的習慣，逐漸形成當機立斷的魄力和膽略。

▪ 靈活的應變能力 ▪

善於隨機處理突發事件的能力，就反映了一個人的靈活應變能力。計劃沒有變化快，雖然事先經過了縝密規劃，但還是難以避免突發狀況的出現，這就要求我們在前進的路上懂得審時度勢、靈活處理這些突發狀況，迅速做出調整方案。

就像金馬倫一樣，當實際支出嚴重超出公司預算、電影馬上面臨終止拍攝的境況時，他沒有頹喪，而是果斷地選擇放棄自己的薪酬，然後利用這部分錢繼續拍攝，最終才有了電影史上的經典之作。如果沒有他的靈活應變，估計人類電影史上就會出現最大的遺憾了。

具備「斷捨離」思維

具備長遠眼光的人，一定想要奔着自己心中的「亮光」不斷前進，而在前進的過程中，他們都懂得「斷捨離」。

「斷捨離」指的是將那些「不必需、不合適、令人不舒適」的東西統統斷絕、捨棄，並切斷對它們的眷戀。這是一個網絡詞語，不

過用於一個人的成長方面，作用也是非常明顯的。

▪ 對「小利」思維「斷捨離」▪

　　想要獲取更大的成就，就不要受眼前利益的誘惑，要懂得放棄眼前的「小利」。大家都能看到如今麥當勞的成功，但大家可能不知道的是，它的成功並不能歸於創始人，而是雷·文洛克。

　　文洛克本是一個生活坎坷的人，年過 50 還一事無成，有一天，他偶然發現麥當勞的生意紅火，同時意識到這樣的快餐店在當時的社會發展趨勢下會越來越受歡迎。於是，他立即找到麥當勞兄弟，提出想要合夥的意願，並將自己想要將麥當勞開到別的城市的想法說給了麥當勞兄弟聽。雖然同意與文洛克合夥，但是他們卻不贊成去其他城市開分店，因為當時憑他們一家店，一年就能穩穩收入 25 萬美元了。

　　文洛克沒有強求，只是通過自己的方法，讓顧客越來越多、生意越來越好，與此同時，他始終沒有忘記做大麥當勞的初衷；因此建議麥氏兄弟開連鎖店，並在他的努力下，麥當勞連鎖店在美國很快便達到了 200 家，此時文洛克知道一個快餐帝國將要出現了，於是便在一片質疑聲中，毅然買下了麥當勞。就這樣，文洛克讓麥當勞成了遍佈全球的快餐帝國。

　　雖然文洛克在加入麥當勞之前一直事業無成，但加入麥當勞後，他收穫了有生以來最大的成功，也獲得了很不錯的報酬，可是他沒有被眼前的利益所吸引，因為他看到的是一個快餐帝國，他始終都在為此努力。

▪ 對以往的成就「斷捨離」▪

　　不管是金馬倫，還是文洛克，在進一步提升、昇華自己之前，都擁有着驕人的成就，但他們沒有讓自己止步於在他人眼中卓越的成就面前，而是敢於與這些成就「斷捨離」，重新出發，才讓自己看到了更好的自己。

　　我們也是一樣，在成長的路上，不僅要培養長遠的目光、能力，還要藉助我們長遠的目光，看到更好的我們，進而為更好的我們做出努力。

福克蘭定律 ● Falkland's Law

36 靜待時機，
風車從不跑去找風

法國管理學家福克蘭認為：在面對選擇不知道採取哪種行動時，最好就不要採取行動。

這就是福克蘭定律。它告訴我們，在不知道該怎麼做出行動時，要懂得靜待時機，不莽撞行動，因為前面到底是餡餅還是陷阱，沒辦法知道。

生活中，我們難免會遇到一些棘手的事情，不知道怎麼辦才好，慌亂急躁之下，就像熱鍋上的螞蟻一樣。在這種情況下，很多人會衝動、意氣用事，做事橫衝直撞，事後才發現錯得離譜，但想要挽回已經沒有任何機會了。

喜歡籃球運動的朋友一定不會錯過 NBA 的總決賽，而在2016~2017 年賽季總決賽中，由居里帶領的上屆冠軍勇士隊，在以

3:1 大比分領先於占士率隊的騎士隊的情況下，讓騎士隊連續贏下三場，捧走了那一個賽季的冠軍獎盃。

要知道，在整個賽季中，勇士隊的「死亡小球」和「浪花兄弟」的三分球讓全聯盟忌憚，當然也包括「老弱病殘」的騎士隊，一共82場常規賽，勇士隊贏下了其中的73場，這是以往從來沒有過的。正因為如此，總決賽冠軍，被大家一致認為非勇士隊莫屬。那到底是甚麼原因，讓他們在大比分領先的情況下丟了冠軍呢？這其中與格連第五場被禁賽是不無關係的。

之所以格連第五場被禁賽，其原因就是他的衝動、意氣用事，在系列賽中，惡意犯規累積，已經達到了被自動禁賽的標準，所以才被禁賽。但同時，比賽結果也隨着格連的被禁賽改了走向，雖然第六場、第七場，格連都回到了賽場上，但正是第五場，讓勇士隊失去了衛冕的最佳時機。

賽後，格連一直很懊惱、沮喪，認為都是因為自己才導致勇士隊沒能衛冕冠軍的，如果不是自己被禁賽，第五場或許就能在主場贏下總冠軍。但一切都已經結束了，他們必須接受輸球的結局。

大仲馬說過，人類的一切智慧是包含在「等待」和「希望」這兩個詞語裏面的。因此，想要擁有成功人生，除了自身須具備一定的能力以外，還須注意做到以下幾點。

懂得靜待時機

人生在世，想要成就一番事業，對時機的把握非常重要。機會隨時隨地都有，但並不是每一次機會都適合自己；因此，我們還需要學會靜待時機，到真正該出手的時候再出手。就像斯克利維斯說的一句話：「耐心等待，風車從不跑去找風。」烏拉圭叢林中生活着一種巨蛙，牠們以蛇為生，但是蛇向來敏捷，而且從我們了解的生活常識來講，蛙類動物是蛇的食物才對，巨蛙再大依然還是蛙，牠們怎麼就能做到一招制敵、吞食蛇類呢？

原來，巨蛙在捕蛇時，從來不會輕舉妄動、莽撞行事，而是會嚴格做到以下幾點：

第一，不捕獵從自己身後向前遊行的蛇，只捕獵迎面而來的蛇；

第二，只吃不超過 1 米的蛇，超過這個長度牠們不捕；

第三，盡量選擇在灌木叢中捕蛇。

為甚麼要這麼嚴格進行選擇呢？因為迎面來的蛇，巨蛙可以一口便咬住蛇頭，達到一招制敵的目的；太大的蛇巨蛙沒辦法吞下，所以 1 米以下的蛇最適合；等待在灌木叢中與蛇較量，是因為蛇在被咬住頭後，其身體就會纏繞在灌木枝上，不會纏繞巨蛙。

因此，每次捕食蛇時，巨蛙都會靜靜地趴在灌木叢中，靜待獵物迎面而來時，猛地一躍，張大嘴巴瞬間便將獵物的腦袋咬在嘴裏，然後再藉助四肢的力量將獵物緊勒到窒息而死，最後再慢慢吞咽獵物。

巨蛙很清楚自己的能力，不靜待時機，不找到最佳的捕食地點，牠們的勝算可能並不大。因此，在做事情前，我們還應該審時度勢，等待適合自己的最佳時機。

全面看待每一個機會

阿里巴巴總裁馬雲說過：「CEO 的主要任務不是尋機會，而是對機會說 No。機會太多，只能抓一個，抓多了，甚麼都會丟掉。」馬雲的話雖然是針對管理者來說的，但作為想要成長的我們，馬雲的話一樣適用。機會時時處處都存在，但想要控制風險，做出最佳的選擇，就要認真對待每一個機會，全面去考量。此時就要做到以下幾點：

第一，對自己有清晰的認知，包括性格、能力、優勢、缺點等。

第二，對面前的機會有清晰的認識，可以通過做調查了解這些機會，比如這些機會對你來說，風險是高還是低，是不是適合你的風險承受能力。

培養沉着冷靜的心態

只有在沉着冷靜的心態下，才能將事情處理得更好，可是，事實上，人是有感情的，沒有人能永遠保持冷靜，不管是誰，都會出現不理智的情況。而且，冷靜本身對心理來說就是一種承受能力，它終歸會有一個極限去突破。因此，我們可以不讓自己時時都保持冷靜，但平時卻要多注意培養沉着冷靜的心態。這可以從以下一些方面來培養。

首先，注重個人形象，尤其是個人衛生、服裝搭配方面，一個邋遢的人，遇事也難以做到沉着冷靜；而注重外表形象的人，則會自然形成一種自信，讓自己在糟糕的環境中不衝動、不冒失。

其次，在做某件事之前，一定要對這件事進行認真、仔細的分析，讓自己有充分的思想準備。同時，在做事時，要從心底給自己沉着冷靜的正面暗示。

最後，心中有正氣，自然會有以不變應萬變的氣勢。

靜待時機，為的是最後的「致命一擊」，當抓住了最適合你的機會時，就要堅持執行貫徹下去，直到讓這一機會成為你成長的階梯。當然，無論是社會，還是市場環境，抑或是自己的生活、心情等，每天都在變化，抓住了最佳機會，還要不斷地適應變化，隨時關注變化，調整自己成長的路徑。

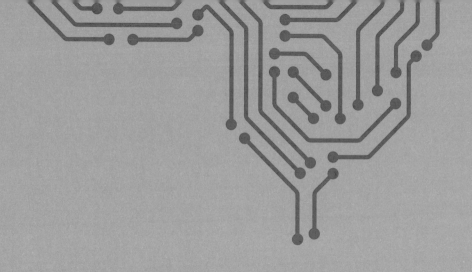

人與人交往，關鍵是看存不存在成長性的人際關係：能夠促進彼此成長、發展和成熟，並改善彼此的生活及相處的品質關係。能夠擁有這樣的人際關係，對個人的成長無疑有着非常有益的幫助。但是，想要在成長過程中，讓自己擁有良好的成長性人際關係，就要具備互惠互利的思維，讓對方真正從心裏信任你、支持你、理解你，心甘情願地與你一起合作、一起成長。

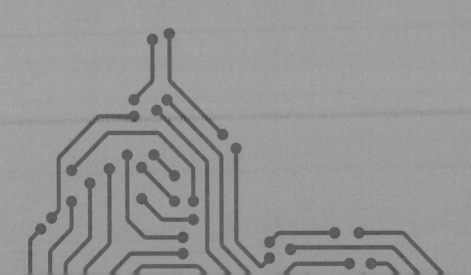

第六章

互惠思維

良好的人際關係從互惠互利開始

首因效應 ● Primacy effect

37 初次見面，
用技巧讓人深深記住你

美國社會心理學家洛欽斯於 1957 年做了一個實驗，實驗材料是被杜撰的一個叫詹姆的學生的兩段生活故事：

第一段：詹姆和兩個朋友一起去買文具，陽光普照，他們一邊走一邊曬太陽。文具店內擠滿了人，詹姆一邊選購文具一邊與朋友聊天。從文具店出來後，他先遇到了熟人，並與他打招呼，後來又遇到了第一天晚上剛認識的一個女孩子，他們也相互打了招呼，聊了幾句。

第二段：放學後，詹姆獨自走在回家的路上，陽光普照，他默默地走在陰涼處，迎面遇到了第一天晚上剛認識的女孩子，他低頭走過去了。在經過一家飲食店時，他發現裏面擠滿了學生，並看到幾張熟悉的面孔，但他沒有上前打招呼，而是安靜地等待着店員幫他拿飲料。拿到飲料，他獨自一人靠在牆邊喝完飲料就回家了。

很顯然，以上兩段故事，一段將詹姆描述成了熱情、外向的人，一段將他描述成了冷淡、內向的人。

洛欽斯的實驗開始了，他將兩段故事進行了幾種排列組合：

第一組：將熱情外向的材料放在前面，內向的放在後面。

第二組：將內向的材料放在前面，外向的放在後面。

第三組：只出示了外向的材料。

第四組：只出示了內向的材料。

接著，洛欽斯將組合不同的材料，交給水平差不多的中學生閱讀，並要求他們閱讀後對詹姆這個人做出評價。結果顯示：

第一組：78%的人認為詹姆是個熱情外向的人。

第二組：18%的人認為詹姆是個熱情外向的人。

第三組：95%的人認為詹姆是個熱情外向的人。

第四組：3%的人認為詹姆是個熱情外向的人。

這就是心理學上的首因效應，它證明了第一印象對一個人認知的影響；其中，情感因素發揮了十分重要的作用，人們更喜歡友好、大方、情感隨和的人。

我們的成長之路少不了和諧的人際關係，而通過首因效應的啟示，我們就能知道，想要有不錯的人際關係，首先就要給他人留下良好的第一印象，讓他人在第一次見你時，就對你留下深深的良好印象。

那我們該如何給他人留下良好的第一印象呢？下面的方法不妨一試。

用好關鍵的 7 秒鐘

心理學研究發現，當他人看到你的第一眼後，大概只需要 7 秒鐘的時間就能決定他會不會喜歡你；沒錯，只有 7 秒鐘！而通過這7 秒鐘建立起的第一印象，很難再被改變。因此，在與人見面前，要做足十二分的準備，充分抓住開場的關鍵時刻，通過以下幾方面來展現你的魅力。

▪ 展現優質的人格魅力 ▪

很多人認為受人歡迎是一種特質，是與生俱來的，其實不是的，它與一個人的人格魅力是有關的，是我們完全可以控制的。

對此，加州大學洛杉磯分校就做過一項研究，他們讓受試者依照他們自己主觀的想法，按「受人喜歡」的程度，對 500 多個形容詞進行排序。結果發現，排在最前面的是真誠、誠實、善解人意等人格魅力。

因此，在關鍵的 7 秒鐘內，一定要展現出你的真誠等人格魅力，不要矯揉造作、假模假樣的。

▪ 注意肢體語言和微笑 ▪

雖然這是老生常談，但是想要在短時間內給人留下深刻的印象，就一定要在肢體語言和微表情上下功夫。

舉個例子，第一次與人進行商務洽談，你一進門直接就倒在梳發上，或者做出雙手交叉抱胸的動作，試想；會給對方甚麼印象？哪怕你身份尊貴，這種儀態即使別人嘴上不說，心裏也會馬上給你打上一個「×」。

微笑是暢行天下的通行證，但是強行裝出來的恭維的微笑、勉強的微笑等是沒有吸引力的，而發自內心的自信與真誠的微笑才是直擊心底，讓人舒服、記憶深刻的。

閒聊 5 分鐘

7 秒鐘的關鍵時間固然重要，但接下來進入相互交流的階段，才真正進入相互了解的深入階段，此時為了讓初次見面的關係變得輕鬆、和諧，在進入正式話題之前，不如先進行一場 5 分鐘的閒聊。話題可以寬泛一些，比如學校、專業、愛好、興趣等，可以圍繞某一個點展開。當然，如果是非常重要且正式的會面，這部分雖然是閒聊，一樣要提前做好功課，以避免不經意間觸碰到對方的逆鱗，否則無疑是一下子判了你們之間關係的「死刑」。

此外，閒聊，不要摻雜任何的功利目的，同時一定要顯露真誠。真誠待人是讓人喜歡自己的一大重要因素，畢竟沒人會喜歡一個信

口開河的人。真誠能讓情感自然地流露，讓他人、讓自己都感覺舒服，不用總想着用假話來矇騙，畢竟前面說一句謊話，後面就要編出 10 句來圓謊，在此之間，會有無數的漏洞讓對方看出來，進而對你的形象、品格減分。

還需要注意的是，在閒聊的 5 分鐘內，有些人可能會過於放鬆，而在肢體語言和口頭語言上開始放飛自我，這也會讓自己的形象大打折扣。一定要記住，5 分鐘的閒聊並不是讓你完全放鬆自我，而是活躍氣氛，拉近彼此間的距離，讓彼此增加熟悉感。

學會 4 點積極聆聽法

5 分鐘閒聊過後，正式進入主題。在這個環節，非常重要的一點就是要注意積極聆聽，不管你平時多麼健談，或者你的觀點多麼鮮明，都要先學會積極聆聽對方所說的內容。怎麼才算積極聆聽呢？還要學會 4 點積極聆聽法。

1 專注對方說的內容，別分心想怎麼反駁。

2 讓對方做整個對話的主導者，你適當提問延續對話。

3 聽對方把話說完，不打斷對方。

4 通過傾聽，找出切中核心的問題向對方詢問。

很多人在與人聊天時，看似在專注地聽人說話，其實已經放飛了自己的思想，在不斷地思索着該如何反駁對方，這就影響到積極聆聽了。

記住，在對話中處於支配地位並不會促進你與對方的關係，也不能幫助你得到對方的信任，而你全程都做一個傾聽者，傾聽對方的感受、想法和故事，並給予理解，會讓對方對你產生信任和安全感。這就需要讓對方做對話的主導者，而你則不時地拋出一個與他的對話內容相關的問題，讓他的對話持續下去。

在對方正在說話的過程中，若打斷對方，就意味着你要說的內容要比對方的更重要，這對對方是極大的不禮貌。

向對方提問，尤其圍繞對方所談內容的核心提問，表示你非常認真地聽對方說話了，而且很敏銳地抓到了精髓，這點會深受對方欣賞。

此外，在人際交往中，想要給人留下關鍵的第一印象，一些小細節還需要特別注意，比如在與人交流溝通時，不停低頭看手機，這就是一種對人不尊重的表現。同時，還有一點是必須記牢的，那就是對方的姓名。在交流中，不斷稱呼對方的名字，或者帶姓氏尊稱他，比如張老師、王經理等，會讓對方覺得自己被讚美了，受到了你的尊重，由此會對你產生好感。

蹺蹺板效應 ● Seesaw Effect

38 想保持關係穩固、和諧的關係，就要你來我往、互惠互利

一位大學教授做了一個實驗：他隨機選擇了一些素昧平生的人，並給他們每個人都寄去了聖誕賀卡。他起初預測會有一些回音，但沒想到的是，回贈的賀卡就像雪花一樣給他寄了過來，而這些回贈賀卡的人，有很大一部分從來沒有聽說過這個教授，也不曾向他人打聽過他到底是誰，僅是因為教授給他寄了賀卡，出於禮貌互動，自動回贈了一張。

這就像兩個玩蹺蹺板的人，一人坐一端，一人用力下壓，另一人就會被高高蹺起，進而享受高處的快樂。但是他必須馬上回應用力下壓，才能讓遊戲繼續下去，否則對方因為長期處於地面上，就會失去興趣而停止遊戲。這也就是心理學上的蹺蹺板效應。

蹺蹺板效應告訴我們：若想保持人與人之間穩固、和諧的關係，就要像玩蹺蹺板一樣你來我往、互惠互利。

著名社會心理學家霍曼斯提出：從本質上來説，人際交往就是一個社會交換、相互給予彼此所需要的過程。可事實上，生活中，很多人以自我需要和興趣為中心，眼中只有自己的利益，從不考慮他人的感受和利益得失，無論甚麼事情，都習慣站在自己的角度去思考，無形中便給自己的人際交往設置了障礙，阻礙了人際關係的正常發展。這類人通常被人們認為是「自私」的。但「自私」也分有意識和無意識。

有意識的自私是天生的，凡事都愛佔小便宜，斤斤計較。

無意識的自私是缺乏社交技巧。

生活中，無論甚麼事，我們都希望能實現利益最大化，人際交往也一樣，不管是誰，不管有多無私，誰也不願意只無償付出而沒有絲毫回報，誰也不願意只接受回報而沒有付出，穩固的人際關係更需要保持一個平衡，才能讓人際關係持續穩固。

當然，在平衡、穩固的基礎上，如果讓對方真正喜歡與你交往，還需要提升自己「被利用」的價值。

「被利用」聽起來有些功利，但人際關係心理學家認為，在互惠互利的基礎上，學會「被利用」是最高層次的人際交往境界。雖然社會提倡奉獻和利他精神，但人與人的交往，大多是想從交往對象那裏滿足自己的某些需求，可能是精神上的，也可能是物質上的。這就決定了人們會根據一定的價值觀選擇人際關係，值得的關係就

去維護，不值得的關係就疏離。因此，若想受他人歡迎，那麼就要了解這一規則，提升自己「被利用」的價值，讓自己始終是別人眼中的「優質股」。那具體該怎麼做呢？這還需要我們做好以下幾點。

經常給予他人幫助

不管是在家裏，還是在學校的課堂上，我們經常會聽到父母或老師告訴我們「多幫助他人」，並且讓我們知道幫助他人是一種美德。助人為樂的確是值得每個人提倡的品質，不過功利一些講，你在別人困難的時候幫了他，反過來，當你遇到困難的時候，他是不是也會伸手來幫你呢？同時，在別人處於低谷時出手相幫助，是不是讓人看到了「患難見真情」呢？

充分挖掘自身潛力，提升自身能力

沒有人願意與比自己能力低的人交往，也沒有人相信一個比自己能力低得多的人會具有很高的利用價值；因此，在生活和工作中不斷發現自身具備的更大潛力，並通過學習、實踐等將潛力激發出來，並轉化成能力，才能讓自己有「被利用」的價值。這點就要靠自身努力了。

懂得展示自身價值

擁有一身的本事，卻找不到施展的地方，這與不懂展示自身的價值有很大關係。你有本事，卻不懂施展，別人就沒有辦法看到你的價值，只有在你的價值擺在大家面前時，人們才能知道你可能是他們需要的人。而展示自身的價值，除了自帶以外，還要擁有充足的自信心和敏銳的洞察力。自信心讓你有足夠的勇氣展示價值，而敏銳的洞察力讓你能及時抓住展示的機會。

接受不成熟的「被利用」

「被利用」的感覺有時候是苦澀的，這一般源於兩個原因。

> 自身不夠成熟，對他人沒甚麼價值，又缺乏自我保護，他人將你作為被利用的消耗品。

> 對方不成熟，不懂得尊重人，或者缺乏長遠目光，不懂合作，只是短時的利用。

　　其實，即使你已經非常優秀，依然會有一些想以不尊重的方式利用你的人，如果沒有其他選擇的餘地，那就告訴自己咬牙隱忍，並在過程中不斷提升自己，讓自己變得值錢。因為你愈是值錢，尊重你的人就愈多，你的選擇空間就愈大。所以，人生於世，要通過個人的價值對別人有用，同時也要學會被人利用，如果你沒有「被利用」的價值，不僅在人際關係上寸步難行，在人生道路上更顯孤獨無助。

刺蝟效應 • Hedgehog Effect

39 再好的關係 也要保持適當距離

西方有一則寓言：寒冷冬夜中，兩隻刺蝟相互依偎取暖。一開始因為距離太近，兩隻刺蝟被刺得滿身鮮血，後來牠們適當拉開了一定距離，既達到了取暖效果，又確保了對方不被刺傷。

心理學家根據這一寓言故事總結出了著名的「刺蝟效應」。

刺蝟效應強調的就是人際交往中的「心理距離」：在日常相處中，只有保持適當的距離，才能取得良好的交往效果。

通用電氣公司前總裁斯通就非常注意工作中與同事之間的距離：在工作環境、工資待遇方面，他願意給中高層管理者提供好的，但是在工作之餘，他從來不邀請他們到家裏做客，也從來不接受他們的邀請去家裏作客。正是這種關係，讓斯通與公司同事之間保持着非常愉悅的關係，大家在各自領域內的工作完成得也非常出色。

再好的關係也要保持適當的距離，才能讓人在與你交往中有輕鬆、舒適的感覺。太近了，可能會給人一種壓迫感；而太遠了，又會疏遠彼此間的關係。那麼如何才能讓彼此找到一個非常合適的距離呢？下面幾點我們首先需要弄清楚。

甚麼樣的距離才算恰當

在人際交往中，如何判定彼此之間的距離最為恰當，是由交往雙方的關係及其所處的情境決定的，也就是說，你和對方的親疏關係及所在環境決定了你與對方之間應保持的距離。

心理學家做過一個實驗，實驗的目的是測試被試者能不能接受在一個僅有兩位陌生人的空間內，彼此很靠近地坐着。結果，心理學家找來了 80 個人進行測試，沒有一個人願意忍受陌生人與自己坐得太靠近的事實。為此，美國著名人類學家愛德華·霍爾博士將不同的人際關係劃分為四種不同的心理距離。（圖 6-1）

圖 6-1	四種人際關係的心理距離

親密距離：正負 15 厘米

個人距離：46 ～ 76 厘米

社交距離：1.2 ～ 2.1 米

公眾距離：3.7 ～ 7.6 米

人際交往中的心理距離最小的是親密距離，彼此間基本上能夠感受到對方的體溫、氣味甚至是氣息，這種距離主要還是出現在最親密的人之間，比如夫妻、戀人等。

個人與個人之間的交往就需要一些距離了，相互之間幾乎沒有甚麼直接的身體接觸，一般出現在關係不錯的朋友間。

在工作場合或者社交聚會上，就要適當保持較大的距離了，距離太近會給人壓迫感，招人反感。

公眾距離最遠，一般可以達到 10 米以上，也就是基本上所有人都處於開放空間內，彼此間不會干涉到對方，甚至完全可以忽略空間內的其他人，不會彼此產生接觸、交往。

有了上面愛德華・霍爾博士給出的人際交往關係心理距離，我們就能大致判定彼此間的適當距離。

心理距離具有伸縮性

在與人交往的過程中，彼此間的心理距離不是一成不變的，很多時候，隨着交往的深入，心理距離會產生變化，不是變大了，就是變小了，具有一定的伸縮性。例如，一對戀人，從開始對對方產生好感時的較遠個人距離，到發展成戀人關係的親密距離，就是從較大的距離向較小的距離變化了。因此，根據不同的情境，還要學會合理地調節心理距離。具體還要依據以下幾個方面來進行調節。

▪ 各自文化背景的不同 ▪

由於每個人的文化背景不同，人們對「自我」的理解也不同。舉個例子來說，美國人理解的「自我」範圍，包括皮膚、衣服以及身體外幾十厘米的空間，因此與人交往時往往會因為過度熱情而被人嫌棄。阿拉伯人理解的「自我」是精神和心靈方面的，他們認為物質的肉身只是精神和心靈的寄存體、暫居地、身外之物，真正的「自我」只有精神和心靈；所以，與他們交往的人，常常被認為過於冷淡。

不僅是國家與國家之間的文化背景差異，就是人與人之間，也要考慮文化背景。一個出國留學回來的男士，為了表示友好，逢人就擁抱，可是一直深居農村的女性接受這種擁抱可能就會顯得不自在、不舒服。

因此，在與人交往時，一定要充分了解他們的文化背景，以避免不必要的誤會和反感。

▪ 社會地位的不同 ▪

社會地位愈高的人，一般來講，自我空間要求就愈大；所以，在與自己地位高的人相處時，不管你們的關係已經發展到怎樣的地步，只要不是親密關係，都盡量與他／她保持比個人距離更遠一些的距離。距離近了，會讓對方感到不被尊重。

▪ 性格的不同 ▪

性格開朗的人與人之間的空間較小，更容易讓他人接近，也願意主動去接近他人；但性格孤僻、內向的人自我空間大，對靠近他的人會很敏感，不會輕易讓人近距離接觸自己，哪怕是好朋友和家人。

除了在以上三個方面的不同情境下注意距離的轉變以外，與人相處時還要特別注意保護對方的隱私，哪怕是無話不談的夫妻、父母，都要有自己的隱私空間。因此，與人相處時不要隨意打聽或者戳破對方的隱私。

距離產生美，在與人交往的過程中，要特別注意彼此間的心理距離，才能讓各自安好，關係長久。

出醜效應 • Pratfall effect

40 偶爾犯犯錯　更讓人喜歡

1966 年，社會心理學家艾略特・亞隆森和他的同伴
們做了一個關於「印象形成」的實驗。實驗中，他們
找來 48 名大二男生，並要求這些男生聽一段大學智
力問答競賽選拔的錄音，然後對錄音對象的印象以及
魅力值進行描述和打分。

實驗準備了 4 卷磁帶，分別是：

第一卷，才能卓越者的錄音：這個學生在競賽中正確
回答了 92% 的問題，是學校的優秀生，品學兼優，多
才多藝，且擔任學生社團要務。

第二卷，才能卓越者的錄音：這個學生和第一卷磁帶
的學生表現一樣，能正確解答 92% 的問題，是學校
的優秀生，品學兼優，多才多藝，且擔任學生社團要
務，但在比賽結束前，他不小心把咖啡灑到了自己
身上。

第三卷，能力普通者的錄音：這個學生答題準確率僅

為 30%，學習成績一般，能力一般，沒甚麼才藝，沒有擔任任何學校社團要務。

第四卷，能力普通者的錄音：這個學生和第三卷錄音的學生一樣，答題準確率僅為 30%，學習成績一般，能力一般，沒甚麼才藝，沒有擔任任何學校社團要務，而和第二卷錄音的學生一樣，不小心把咖啡灑到了身上。

很顯然，這四卷錄音對應了四個不同表現的學生：

第一卷，屬優秀的人才。

第二卷，屬有一些小瑕疵的優秀人才。

第三卷，屬能力普通的人。

第四卷，屬偶爾會犯犯錯、蠢的人，能力普通者。

最後得出如下結論：

最受人喜歡的是第二卷有一些小瑕疵的優秀人才，優秀人員次之，能力普通者排在第三名，最不受人待見的是能力普通還犯蠢的第四卷的人。

犯了小小失誤，或者有些許的小瑕疵，提升了人際吸引力，當然，前提是這個人本身屬很優秀的人。這種現象在心理學上被稱為「出醜效應」。

在人際交往中，相比那些能力普通的人，我們或許更喜歡那些擁有卓越才能的人，可是為甚麼並不是所有有才能的人都被我們喜歡呢？從心理學角度來講，主要有兩方面的原因。（圖 6-2）

| 圖
6-2 | 太有才能的人不太受人歡迎的原因 |

人的自我價值保護

優秀的人往往給人一種不真實、不易親近、冷漠的感覺。

其實在生活中，我們也有這樣的感覺：太過優秀、太過完美的人，就像是「非人類」一樣；當然，這其中有能力不對等、學識不對等方面的原因，但更重要的還是這些優秀人士給我們的感覺是他們屬「千里之外」的人。對這類人，我們所持的態度只有敬而遠之、仰之。

從對自我價值的保護來說，人們雖然喜歡有才能的人，但如果對方的才能過於明顯，致使自己感到卑微、無能、毫無用處，那事情就會向相反的方向轉變，因為沒有一個人願意讓一個能力比自己高出很多的人壓制著。

而反過來，優秀者偶爾的一個小瑕疵、小失誤，反倒給他自身增添了真實感、親切感，在這種情況下，一下子就拉近了優秀者和大家之間的距離。

在 NBA 中，不乏超級巨星出糗的時候，為此，很多視頻網站還特意將他們出糗的瞬間做成視頻供大家欣賞。但正是這些出糗的瞬間，犯錯、失誤的情景，讓他們顯得更為可愛、真實，讓大家也能感受到他們是真正的人類，不是外星人，反而更加喜歡他們。

因此，想要獲得更好的人際關係，讓更多的人喜歡你，在與人交往中不妨試著犯犯錯、出出「醜」，讓大家在捧腹之間更覺你的可愛、你的真實。不過，在應用出醜效應時還要注意以下幾個事項。

「出醜效應」不是萬能公式

雖然適當地犯犯傻、出出醜，可以增加他人對你的好感，但是要注意，出醜效應並不是萬能的，並不是所有人都能接受你的犯傻充愣。相關實驗研究表明，以下幾個因素直接關係到出醜效應是不是管用。

1 性別因素

2 失誤程度

3 對方自尊心程度

4 相似性因素

從性別方面來說，男性相對於女性，更喜歡那些有點兒小瑕疵的優秀人才；而女性則更追求完美，喜歡沒有一點兒錯誤的人。

從失誤的程度來說，失誤太小，起不到作用。例如，雖然碰到了杯子，但是咖啡沒有灑出來，這樣就無法讓出醜效應起作用。

從對方自尊心程度方面來說，擁有高自尊和低自尊的人，都更傾向於完美的卓越人士，而中等水平自尊者更傾向於會犯一些小失誤的卓越人士。

從相似性方面來講，如果自身的水平與大家都處於同一水平線上，那麼你的出醜無疑給大家帶來了挖苦、諷刺的機會，此時出醜效應也不管用。

讓自己不斷進步、提升

在想着用出醜效應來博取大家的更多好感時，一定要記住實驗中大家的反應：大家更喜歡有小瑕疵的優秀人士，而最不屑的就是既沒有能力又容易出錯的人。因此，想用出醜效應，你必須得擁有可以出醜的資本才行。而這個資本就是你足夠優秀。如果目前的自己還不能達到優秀的程度，那麼就開始提升自己、充實自己，用自己的技能來讓你的小失誤、偶爾的犯錯變得更有魅力。

就像那些影視明星，經常會忘事情，或者丟東西，但是大家依然喜歡他們，就是因為他們具備演藝才華。就像王寶強，普通話不標準，不會用英語交流，長相不帥氣，個頭不高，但依然擋不住太多的人喜歡他，因為他的表演能力讓大家折服。

無論怎麼說，在人際交往中，不斷讓自己優秀才是硬道理，在優秀的基礎上，為給自己的人際關係更進一步，不妨有意識地製造一些「小瑕疵」，讓大家更願意與你交往。

互悦機制

41 你喜歡他，他就喜歡你

美國威斯康辛大學做過這樣一個實驗：讓甲、乙兩隊進行保齡球比賽。結果第一球過後，甲、乙兩隊各擊倒了7個瓶子。這時，實驗特別要求甲隊的教練過去對自己的隊員們說：「你們打倒了7個瓶子，表現已經很好了，繼續加油！」同時要求乙隊的教練對乙隊的隊員們說：「平時是怎麼教你們的，都忘了嗎？你們打的這是甚麼球，怎麼可以這麼差？」在接下來的比賽中，甲隊因為受到了教練的鼓舞，比賽中表現得越來越好，而乙隊隊員因為受到了教練的責備，內心不滿，情緒不佳，愈打愈糟糕。最終，甲隊贏得了比賽。

這種現象被心理學家稱為「互悅機制」。

通俗來說，互悅機制就是人們平常說的兩情相悅，是人際交往中一種很自然的心理規律。即在與人相處中，想要得到對方的歡迎，

僅僅支持他的觀點，或者讓對方支持你的觀點、建議，還遠遠不夠，只有讓對方真正喜歡你才行。正如管理心理學中有句名言說的那樣：「如果你想要人們相信你是對的，並按照你的意見行事，那就首先需要人們喜歡你；否則，你的嘗試就會失敗。」互悅機制在人際交往中能夠起到如此重要的作用，但又該如何讓他人感受到你對他的喜歡呢？雖然可以直接說「我喜歡你」，但讓對方感到你喜歡他的感覺作用並不大。因此，還需要在以下幾個方面真正從言行上體現出你對對方的喜歡。

運用「喜好原理」

著名心理學家埃姆斯威勒等人做過這樣一個實驗：

他們在一所大學裏向學生索要一角錢，當他們的穿衣風格與言談舉止和被索要錢的學生很相似或者接近時，有 2/3 的人給了他們錢；當他們的穿衣風格與言談舉止和被索要錢的學生不接近甚至是完全不同時，只有不到 1/5 的人給了他們錢。

這項實驗充分說明：人們更容易接受與自己相似的人。而這裏的「相似」就包括以下多個方面（圖 6-3）。

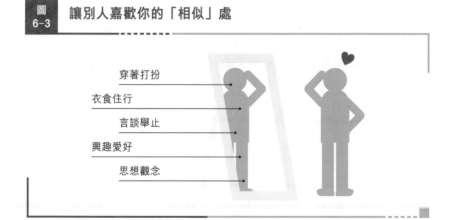

圖 6-3　讓別人嘉歡你的「相似」處

- 穿著打扮
- 衣食住行
- 言談舉止
- 興趣愛好
- 思想觀念

也就是説，想要對方喜歡你，你得了解對方的喜好，然後將自己適當包裝成對方喜歡的樣子。

在言行中表達對對方的讚賞、敬佩等

其實，表達喜歡、讚賞、賞識等的方式有很多。杜蘭特在加盟勇士隊後，一直被罵「抱團」，雷霆的忠實球迷還做紙杯蛋糕侮辱他；但是，他在這些難聽的話、侮辱性的行為面前，並沒有退縮，而是和居里、湯臣等人團結作戰，拿下了一座又一座冠軍獎盃。到底是甚麼支撐着他強大的內心呢？除了團隊爭冠的信心以外，更多的是原勇士隊員們對他能力的讚賞。

在招募杜蘭特時，格連先給杜蘭特打了一個電話，他在電話中表達了自己對他出色能力的讚賞，同時也表達了他如果帶領其他球隊打球，能夠拿到 1~2 個總冠軍，而沒有他的勇士隊也能繼續拿到 1~2 個冠軍。最後，格連問杜蘭特，如果他能夠帶着他出色的攻守能力到勇士隊，大家一起可以獲得多少總冠軍戒指呢？

雖然目的是拿到更多的總冠軍戒指，但是格連在與杜蘭特的對話中，處處表達了自己對他能力的讚賞，並表明有了他的勇士隊，會拿到更多的總冠軍戒指。沒有直接對杜蘭特説「我喜歡你」、「欣賞你」，但卻讓杜蘭特真正感受到了。

無疑，杜蘭特加盟勇士隊，最重要的目的就是想要奪冠；但是如果和其他隊員不能融合在一起，雙方不能做到「互悦」，又怎麼可能產生「化學反應」，讓球隊贏球並走上總冠軍的領獎台呢？

因此，如果真的喜歡、欣賞一個人，你一定會從言行中流露出來，而且在不經意間就表現出來，比如在與人聚會時，你們談論的對象一定都是自己喜歡、欣賞的；在説起自己喜歡的人時，一定總能想到他光輝亮麗的時刻。而這些只要讓你所欣賞的人聽到，再次接觸時，你們雙方就很容易建立起不錯的關係。

了解對方的「喜歡」心理

人們往往將「喜歡」心理埋藏於內心深處；因此，想要博得他人的喜歡，還需要滿足他人的這種心理，進而讓他心甘情願地願意與你交往、喜歡你。就像實驗中的保齡球教練，和對手一樣，都打倒了 7 個瓶子，隊員們此時最希望的就是有人能給自己打氣，讓自己更有信心打出精彩的比賽。而甲組教練的鼓勵無疑正迎合了隊員們的心思，因此不僅讓隊員們喜歡，還讓隊員們贏得了勝利。乙組教練不懂得隊員那一刻的心理，自然也就沒辦法讓他們喜歡了。

真心相待

《聖經》中說：「你希望他人如何對待你，你就應該如何對待他人。」這點與前面我們說的「態度效應」非常相似，也可以說，這句話正好就應和了態度效應。其實互悅機制也是這樣，你對別人甚麼態度，別人就會回應你甚麼態度；你怎麼對待別人，別人就會怎麼對待你。但在所有對待的方式中，想要獲得別人的信任，讓別人看到你對他的喜歡、欣賞，最為重要的就是充滿善意的真心相待。

例如，大家因為相互賞識一起創業，你是不是真的一直在為團隊着想，是不是一直都將心思、精力放在工作上面，都能讓你的合作夥伴感受到。例如，為了趕工，直接在辦公桌下鋪個地墊解決睡眠問題，簡單泡個即食麵充饑，都能表達你對你合作夥伴和創辦事業的尊重，而此時的尊重無疑就是對他們的欣賞，因為你深知，不能因為你個人的原因，拖整個團隊的後腿。

正所謂「禮尚往來」，人際交往也是一樣，你對別人流露出了喜歡，別人也會給予你喜歡的回應。

斯坦納定理 ● Stainer Theory

42 與人正確溝通的 打開方式是少說多聽

說得少，聽得就多。

　　這是美國心理學家斯坦納提出的斯坦納定理，它告訴我們，與人相處時，要少說多聽，聽取了別人的想法，才能更好地說出自己的想法。

　　著名勵志大師戴爾‧卡內基說過：「專心聽別人講話的態度是我們所能給予別人最大的讚美，也是贏得別人歡迎的最佳途徑。」著名的記者馬克遜也說過：「許多人之所以不能給人留下好印象，是由於他們不注意傾聽別人的談話。這些人只關心自己要說的是甚麼，卻從不打開耳朵聽聽別人所說的……」馬克遜採訪的基本上都是一些大人物、名人，但其實不只是這些名人喜歡被人傾聽，我們每個普通人都希望被人傾聽。所以，在人際交往中，我們學會傾聽，

對別人、對自己都是有好處的。

　　古希臘有個傳說：一個年輕人去求教蘇格拉底如何演講，但是為了表現出他的好口才，沒等蘇格拉底開口，他便滔滔不絕地講了很多。蘇格拉底沒有說話，只是等他說完後，默默講道：「你需要交兩份學費了。」年輕人一臉的不解，於是趕緊詢問蘇格拉底為甚麼要收自己兩份學費。

　　蘇格拉底告訴他說：「我要教你兩件事：一件事是如何閉嘴；一件事是如何演講。」成功的交流溝通，最關鍵的就是準確把握他人的觀點，而做到這點，就需要專注地傾聽他人。而每一次認真聽他人講話，都是一個人成熟的表現；每一次能夠很好地聽取別人的建議、意見，都是一次「韜光養晦」，讓自己從中汲取經驗，發現自己的問題、改善自己的問題，進而讓自己不斷進步。具體來說，多傾聽他人、少說才能受到他人的歡迎，具體原因如下。（圖6-4）

圖 6-4　傾聽他人受歡迎的原因

① 傾聽能使他人感到被尊重和欣賞。

② 多聽少說才能更好地瞭解別人，提高溝通效率。

③ 多聽少說不會透露你的秘密。

④ 積極傾聽他人可以化解矛盾。

　　你認真傾聽對方的講話，表明對對方的話很感興趣、很關注，如此，對方便有了被尊重和被賞識的感受，對方才會以熱情和感激來回報你的傾聽。

　　在說到有效的說話方式時，有人提出：自己只說 1/3，將 2/3 的機會留給對方，這種溝通方式，不僅能讓你很快了解對方的想法，避免誤解，同時還能大大提高溝通效率。

誇誇其談的人很容易因為說漏嘴，將自己的秘密或者他人的秘密、對他人的成見等說出去，這對自己的人際交往無疑是有害的。同時，說得太多，很容易便將你的底牌攤在對方面前了，這對溝通交往、生意談判等都是非常不利的。

傾聽別人在化解矛盾、解決糾紛時，也能發揮超常的作用，它能起到潤滑劑的作用，讓相互之間的矛盾和摩擦很快消失，也能起到疏通的作用，讓不滿和憤怒頓時消失，讓心情舒暢。

傾聽如此重要，但事實上，我們很少能夠真正做到去傾聽別人。聲音專家朱利安在《五種令傾聽更有效的方法》的演講中談到，雖然日常生活中我們會花 60% 的時間去傾聽，但真正被接收的只有 25%。同時也有研究表明，在人與人的交流溝通中，只有 20% 的人真正能撇開客觀的干擾，做到傾聽他人。因此，我們在日常生活中還要特別注意培養並學會如何去傾聽他人。

真誠且專注地去聽

真正的傾聽一定是發自內心專注地、真誠地去聽的，只有這樣，才能聽到對方言語中的「精華」部分，才能不斷地、恰如其分地回應對方。如果你因為一些原因不能傾聽對方，就不要做出假裝在聽的樣子，不管你裝得多麼逼真，都能讓對方看出你的心不在焉。例如，你的目光總是左顧右盼，或者總不合時宜地給出回應，給出的回應還不是對方所說的等。這很容易引起對方的反感。

不妨將真實的原因提出來，並向對方說明。例如，你着急去辦一件非常棘手的事情，沒時間再聽對方講了，此時你不妨說：「對不起！我真的很想聽你說完，但現在實在有一件特別棘手的事情不得不去處理，你看，我們改天接着溝通交流可以嗎？」

付出極大的耐心去聽

不少人在交流溝通時，可能因為語言組織能力或者心情緊張等因素影響，說話磕磕巴巴、零零碎碎，邏輯混亂，半天都無法將話

說到正題。此時，就需要你保持足夠的耐心，鼓勵對方完整地表達出他的意思。

堅決杜絕插話習慣

在別人正在發表自己的言論時，隨便插話，打斷對方的思路和話題，將話題硬生生地扯到自己這邊，這一壞習慣是要堅決杜絕的，否則會嚴重妨礙與對方的交流溝通甚至交往關係。想要獲得較好的交流效果，或者想要與對方建立較好的互惠互助關係，就必須摒棄中途亂插話的習慣。

不時做出回應

想要讓對方清楚你在認真傾聽他講話，有一個非常簡單的辦法，就是不時做出回應，可以用「對」、「沒錯」、「就是」等簡短的話回應。也可以在對方說到開心處時，回應愉悅的表情；對方以幽默詼諧的方式表達時，回應哈哈大笑等。針對一些你沒有聽懂的話，不妨要求對方重新說一遍，或者直接讓對方幫忙解釋一下，此時不會引起對方厭煩，而是會讓他覺得你在認真聽，並非常願意為你重述或者解釋。

有句話叫「兼聽則明，偏信則暗」，雖然傾聽他人非常重要，對互惠互利的人際關係也有助益；但在聽取意見、建議時，一定要多方面聽取，正確認識事物、明辨是非，不能單純聽信片面的話。

同時也要注意避免「因人廢言」的習慣，不能因為對方地位卑微或文化程度不高等原因，就不願意去聽。「智者千慮，必有一失；愚者千慮，必有一得。」、「三個臭皮匠勝過諸葛亮。」即使是不如自己的人，一樣有他獨到的見解和意見。

「人生如棋」，想要下一盤好棋，講究的就是「變化多端、步步為營」，每走一步，都要縱觀全域，不斷變換招數，最終直插對手要害。而我們想要過上心中理想的、令人羨慕的、自我滿意的人生，就不能故步自封、停滯不前，需要改變思維，隨着時代潮流不斷變化、學習，進而逐漸向少數的成就卓越者靠攏。

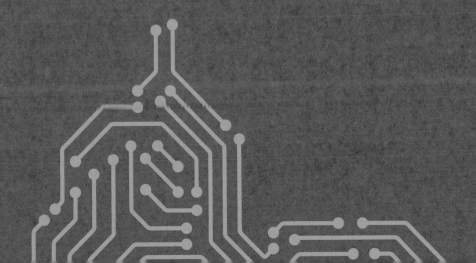

第七章

發展思維

不變的唯一結果是出局

避雷針效應 • Lightning Conductor

43 決定你人生高度的是變通

在高大建築物頂端安裝一個金屬棒，將金屬線與
埋在地下的一塊金屬板連接起來，利用金屬棒的
尖端放電，使雲層所帶的電和地上的電逐漸中
和，從而保護建築物等避免雷擊。這個金屬棒就
是避雷針。

根據避雷針的作用，人們總結出了「避雷針效應」，提示大家：
在生活中遇到事情要善於疏通、疏導。

大家都知道想要有所成就，一定要付出努力，可是不少人做出
了一輩子努力，依然僅夠讓自己不為吃穿發愁，但有些人，看似並
沒有費多少氣力，反倒直接登上了人生巔峰。這到底是怎麼回事呢？

那些遇事不開竅、不懂變通的人，一輩子都在努力卻依然在原
地打轉，或許與精英之間就差了一個變通思維。

在如今一切都提倡創新的時代裏，如果不懂得變通，勢必寸步

難行。所以，下面我們就來看看那些擁有很強的變通能力的人，他們到底是怎麼做到變通的呢？

不拘泥於格式化認知

總習慣對事物抱持固有的框架，就很難在意識當中找到其他的可能性。就像一些節目組，預算少得可憐，時間少得可憐，如果大家都在固定的框架裏不出來，將預想的「大人物」全部預約到、採訪到，都不知道要多少年了。而沒有受固定格式化認知的限制的話，便會繞開主要困難、矛盾，恰恰找到最佳的方法。這絕對不是偶然，而是善於變通的能力。

那麼，怎麼才能跳出格式化的認知呢？這不是埋頭苦幹、不動腦子的事情，一定要善於思考，多角度找方法。美團網 CEO 王興就講過一句話：「多數人為了逃避真正的思考，願意做任何事。」大多數的人，寧可讓自己身體受累，也不願意動腦思考，這也正是大家缺乏變通能力的原因。

要善於「曲線突破」

雖然兩點之間直線最短，但尼采在《查拉圖斯特拉如是說》中告訴我們：「一切美好的事物都是曲折地接近自己的目標，一切筆直都是騙人的，所有真理都是彎曲的。」他的話讓我們明白了，從現狀到目標，不是一直努力走一條完美的直線就可以的，在面對困難時，你必須學會繞開它，走曲線去突破。

日本東芝電氣公司在 1952 年前後曾積壓了大量電風扇，7 萬多名職工也無法將這些電風扇推銷出去。一天，一個小職員看到市場的電風扇都是黑色的，而且東芝公司的也是黑色的，他想如果改變一下顏色，是不是能打開銷路，於是向當時的董事長石阪提出將黑色電風扇改為淺色的建議。最後，這一建議被採納，第二年就推出了淺藍色電風扇。效果是，淺藍色電風扇深受顧客歡迎，大家紛紛搶購，幾個月就售出了幾十萬台。

這就是曲線突破的很好例子，如果當時還是在黑色的電風扇中打轉，即使付出極大的努力，恐怕也難以有很大突破。

面對困難開通「綠燈思維」

有人說，世上只有兩種思維的人，他們分別是紅燈思維者和綠燈思維者：

紅燈思維者

> 一遇困難心中就亮起紅燈，告訴自己事情太難，不可能完成。

綠燈思維者

> 不管甚麼事，只要不違背科學，就跳出"能不能"的問題，直接問"如何做"。

從上我們就能看出，紅燈思維的人總讓困難約束自己，不願意去尋找突破的辦法；而綠燈思維的人從來不會想有甚麼困難，而是總會想如何才能讓事情做成的可行辦法。

英國西英格蘭大學的心理學家珍妮‧法瑞爾認為：「一個任務，如果你堅信自己可以做到，此時神經元之間會有更加高效的連接，將分散的觀念聯繫起來，並迅速制定出解決問題的策略。」遇事千萬別先質疑自己能不能做到，而是抱持着「必行」的心態，直接想解決的辦法，而且想到辦法馬上行動，在多次嘗試行動中，或許最佳的解決方案就自然而然地出來了呢。

很多人雖然學歷很高、學富五車，但依然庸庸碌碌，就在於他們的故步自封，不願意變通，不尋求突破。因此，最後說一句：決定你人生高度的是變通。

累積效應 • Cumulative effects

44 小優勢積累成大優勢，你就是脫穎而出的「異類」

某種外力因素長期作用於同一物體，長久下去，
被作用的物體就會產生變化。

這種由量變去到質變現象，被人們稱為累積效應。

累積效應告訴我們，一項事業，從小做到大，是日積月累的結果。

如今，很多人會聊到中年危機，說的是中年職場人士，工作晉升空間嚴重被壓縮，工作技能也面臨着被年輕人超趕的風險，由此不少中年人危機感重重。

但問題是，為甚麼很多中年人會有這種危機感，深究一下原因，還在於年輕時候不懂「累積效應」，往往對某項工作抱持着照本宣

科、按章辦事的做法，沒有在所擁有的知識和技能上再次提升。如今，到了中年，失去了年輕的優勢，自然就會感到危機、壓力。

反過來，如果年輕時候就在自己感興趣的某種技能上不斷精進，日積月累，人到中年，自然會讓自己攀登到一個無人能及的高度，讓自己的替代率下降。

所以，不管是誰，想要達到人生巔峰，就要不斷磨煉技能，通過日積月累的付出，讓自身從量變向質變轉化。這就需要我們做到以下幾點。

重視「優勢累積效應」

從最開始不起眼的小優勢，經過積澱，最終成為沒人能超越的大優勢，這就是優勢累積效應。

萬維鋼在《精英日課》專欄裏曾提到能力的兩種增長模式。

對數增長和指數增長分別有各自的特點，下面我們就來具體了解一下。

▪ 對數增長模式 ▪

能力的對數增長，起步時成長速度非常快，在短時間內能力就能得到大幅提升，但提升到一個高度時，會進入一個穩定的平台期，此時若想再有些許的進步，就需要日積月累的付出了。例如，運動、語言學習、棋類遊戲等。

就拿百米短跑運動員來説。在速度訓練、體能訓練等科學而高強度的訓練下，一個人的短跑速度可以有一個很明顯的提升，很容易就刷新了之前的紀錄，但如果在此紀錄上再創新高，就勢必難如登天了。就像在 2006 年，瑞士洛桑田徑超級大獎賽中，劉翔以 12.88 秒的成績打破了男子 110 米欄項目的世界紀錄，直到 2012 年，在國際田聯鑽石聯賽尤金站 110 米欄決賽中，他才超過了這次成績，而且僅超了 0.01 秒，以 12 秒 87 的成績摘得了冠軍。然而，即使只有 0.01 秒，也是劉翔經過了夜以繼日高強度的訓練之後才提升的。

在對數增長模式下，因為愈往後提升的速度愈慢，提升的效果也愈小，甚至不再提升，此時是最容易使人放棄的。但是，在達到了一定高度之後，不管提升幅度多小，都不用在意，因為此時重要的不是增長的數字，而是一如既往的堅持。

▪ 指數增長模式 ▪

與對數增長模式不同，指數增長在初期時進步非常不明顯，即使有，也不會出現大幅提升的可能，可用「龜速」形容。但是，當達到某一個階段時，你會發現，突然你的能力突飛猛進了，進步非常明顯。例如，技術研發、寫作等。

這種現象特別像毛竹的生長。毛竹被種下之後，基本上是看不到它的成長的，即使被精心照料 4 年，它的成長也不過三四厘米。不懂毛竹的人見到有人種毛竹覺得完全是在浪費時間和精力，但他們不知道的是，有了這 4 年毛竹紮根地下數百平方米的積蓄，從第五年開始，它們每天都會以 30 厘米的速度生長，僅需 6 週的時間，就能長到 15 米，一片看似荒地的地方瞬間就能變成一片彌漫着颯颯風聲的竹林。

其實，不管是對數增長模式，還是指數增長模式，不管是前期迅猛增長、後期顯得進步疲軟，還是前期「龜速」前進、後期突飛猛進，都是優勢累積效應在起作用。因此，我們不管現在正處於哪個人生高度，都不要忽視平時的積累，讓自己每天都有進步，總有一天，你能看到一個站在更高處的自己。

重視累積效應的兩個公式

我們來看價值成本公式：

$$價值成本 = 時間成本 + 創新成本$$

累積效應離不開價值成本，因為一定要有時間成本的付出。就像一個人在成名之前，或者一個品牌在得到客戶認可之前，都要承擔一定的價值成本，而其中的時間成本是每個人、每個企業都要付出的。付出了時間成本，那麼在這個時間成本內，你有沒有讓自己更上一個臺階，這就要看你是不是付出了創新成本，因為創新才是推動你成長發展的持續動力，如果你墨守成規，不懂創新，最終只能等着越來越多的人超越你。所以，這就衍生出了累積效應的公式。

$$累積效應 = 價值成本 + 自我努力 + 思考感悟$$

從累積效應等公式中，我們就能看出，光有價值成本是無法實現累積效應的，還得有自我的持續努力及思考總結。而為創新成本的付出，其實就是持續努力與思考總結的過程，進而才能不斷提升。

生活中很多人將優於自己太多的人稱為「異類」，認為他們有着與常人不一樣的大腦、不一樣的思維，他們是讓人夠不到、摸不着的。但在此，我們要說，「不積跬步無以至千里」，將微小的優勢不斷強化積累成大優勢，你就能成為那個脫穎而出的「異類」而讓人仰望。

內捲化效應 • Involution

45 要努力，但不要和比你 優秀的人拼努力

20 世紀 60 年代末，美國人類文化學家克里弗德 · 紀爾茲去爪哇島生活了一段時間。這位經常於風景名勝處長住的學者，這次卻無心觀賞詩畫般的景致，而是潛心研究起了當地的農耕生活。他發現，當地人採用犁耙進行農耕，且這種原生態的務農方式日復一日、年復一年，一直停留在簡單重複、沒有絲毫進步的狀態中。

克里弗德 · 紀爾茲將這種現象冠名為「內捲化」，後衍生出「內捲化效應」。也就是説，長期從事一項相同的工作，並停留在一個層面上，不做任何改變。

然而，當今的社會處於高速發展、激烈緊張的競爭之中，每天我們都面臨着來自各方的壓力和挑戰，如果不懂改變，內心充滿內捲化心態，那無疑是一種自我懈怠、自我消耗，最終只會被他人取代、被社會淘汰。因此，追求成長、發展的我們，要克服內捲化心態，

不斷提升自己的技能，我們才能變得更好。

很多人還不夠優秀，並不是不努力，反而是非常努力：看到有人說優秀者每天早上 6 點就起來記單詞，於是很多人 5 點就起來記。但經過一段時間後發現，與優秀者之間的差距不但沒有縮小，反而越來越大。這其中的原因到底是甚麼？其實，還在於你努力的方向不對。時間長了，你會發現，那些優秀者，他們根本不會拼努力的程度，而是拼努力的方向。那到底努力的方向在哪裏呢？這就需要我們注意以下幾個方面。

從思維角度來說

非常努力的人，可能真的身體力行、吃苦耐勞，但卻缺乏發散思維。

舉個例子來說。25 歲便坐上百度副總裁寶座的李叫獸，是不是平時比同齡人要努力得多呢？努力是必須的，但他肯定不是像有些人下「死力」，他是在思維變通方面努力。比如同是進一家餐館，當我們一同拿起菜單的時候，我們首先想到的就是要吃甚麼好吃的，怎麼才能吃得又好又舒服，而當他看到密密麻麻的菜單的那一刻，心裏肯定在想營商策略。

這就是思維的不同，優秀的人很懂得發散思維，遇到問題首先

想到的是尋找多種方法，而不是單一的方法；看到事物，在事物表面呈現出來的功能上，他們還會想它是不是還可以用做其他用途。

摩拜單車將廢棄的、堆得滿大街都是的單車回收，利用單車各部分的造型做成簡約而不失美感的燈具、躺椅等，不也是發散思維在起作用嗎？

從媒體的角度來説

在如今互聯網時代下，媒體對一個人的影響之大，我們都能看得到。

就拿在「快手」上一夜爆紅的嘟嘟姐來説吧，不管有沒有推手在背後操作，但她藉助快手直播平台製作了一條《嘴巴嘟嘟》的短片，瘋狂吸引 200 萬粉絲，三天內有 600 萬，不到一週的時間便有近千萬粉絲，短片播放量 4500 萬，成了各大直播平台的最強黑馬。不僅在「吸粉」方面能力強，在吸金方面一樣強勢，從開始 2 小時的直播收入 50 萬元，到後來的 1 個半小時直播收入 150 萬元，實在讓人艷羨。

然而，瘋狂收粉、吸金的能力背後，除了推手，還在於快手平台的作用。

從人脈角度來説

優秀的人從來不會閉門造車、自給自足，只要有他們覺得這是適合他們的人脈，他們一定去把握。正如微安説創始人微安老師説的那樣：「你有能力，可以讓你從 0 到 1；你有人脈，可以讓你從 1 到 100。有能力沒人脈，做不大；有人脈沒能力，起不來。」依靠努力你具備了一定的能力，但是如果沒有人脈，你就只能開展「工作坊」，這時候如果不打開人脈，就永遠別想着將自己的努力成果放大。

所以，一個人永遠都不能放棄努力，但也永遠不要想着和比你優秀的人拼努力，因為你還沒開始拼的時候，就已經輸了。但並不能就此認輸，而是要和他們拼思維，改變思維，找對努力的方向，你就是那個優秀的人。

重複定律 ● Law of Repetition

46 做有效的重複，
讓人生進階

不斷重複行為和思維，這些行為和思維就會不斷
加強，在人的潛意識中，這些不斷被重複的行為
和思維會形成一種習慣，並最終變成事實。

這就是重複的作用，由此人們也歸納出了「重複定律」。

有句話叫「簡單的事情重複做，你就是行家／贏家／專家」，說
的其實就是重複定律。

有人提出了「一萬小時定律」，說的是，想要成為某領域的專家，
就要付出一萬個小時。按一週工作 5 天，一天工作 8 小時來算，至
少需要 5 年。然而是不是這樣呢？

有心理學教授質疑道：「如果將人類的付出看得普遍化，並且簡單化……那麼就表明，任何人只要在特定領域累積足夠時長的練習都將自動成為專家和冠軍級人物。」可事實顯然不是，所以這一教授對「一萬小時定律」是持否定態度的，他認為，並不是簡單投入多少時間就能成為一名專家。比如一名專業中長跑運動員和一名中長跑健身者，他們對跑步都付出了同樣的時間，但一個可以拿到冠軍，另一個卻不一定可以。為甚麼？這在於他們重複利用時間的方式不同。

單純的重複可能會讓我們在某一領域提升水平，比如廚藝、駕駛等，但是如果不加任何目標的重複，那達到一個水平後，就很難

> **刻意重複練習是一種專注且以目標為導向的練習，具有一定的結構性、預先計劃性和策略性。**

再有提升、突破了。因此，若想我們的人生能夠通過不斷重複不斷進階，那就需要做刻意重複練習。那甚麼是刻意重複練習呢？

單純的重複大多是盲目、漫不經心的，但是刻意重複練習就不是了，而且需要集中投入高度的注意力和精力。那到底刻意重複練習要怎麼做呢？下面我們就一起來看一下。

首先，設定目標

刻意重複練習一定要有一個目標，為了達到這個目標才不斷重複。但同時，投入高度的注意力和精力的重複事實上並不是多愉悅的事情，因此，這個目標的設定不要太大，要小而清晰、簡單而明確。

前面我們講目標效應的時候就講到了這點。其實長期目標可以設定，但為了激勵自己不斷努力，可以劃分為一個個的小目標，以達成小目標時的成就感為動力，再次前進。這樣就不會因為枯燥、痛苦而讓重複練習半途而廢了。

其次，讓重複練習保持連貫性

刻意重複練習一定要保持連貫性，才能見成效。這個過程或許會有些痛苦。比如因為工作原因，你不得不提升你的英文聽說水平，可英文一直以來都是你的弱點，此時你需要不斷重複練習，在三個月內掌握基礎的聽說能力。在這三個月中，你之前的玩樂或者休息時間就要被枯燥無味的英文聽說讀寫替代了。但是，不管過程怎麼枯燥、讓你厭煩，你都要堅持，因為刻意重複練習之所以能讓自身能力突飛猛進，讓人生進階，關鍵就在於它的持續不間斷性。

再次，定期反饋

重複練習有目標為導向，但是這個目標的達成得有一個期限，不能無限期地延續下去。同時，在達成目標之前，還要有一些階段性的計劃、成果要求，否則，又成了盲目的重複。此時就需要你列出計劃，並精細到每天、每小時內，還要列出在一定的時間內要達到的成效，比如每天早上 6 點到 7 點的一個小時內，你要記憶幾個單詞、幾句句式。

明確了這些，那麼，接下來就要對這些計劃、目標積極反饋了。例如，每週給自己一個反饋評估，看每天早上是不是都完成了計劃內的單詞量。

有了這些反饋，才能從中發現問題，也才能從中找到再繼續的動力。

最後，整休

　　刻意重複練習需要投入高度的注意力，所以持續時間不會太長。專家建議：每天練習 1 小時，每週練習 3~5 天，是最佳的刻意重複練習時間。可以通過設置鬧鈴的形式規定時間，時間到了之後，馬上去休息，或者做其他事情。

　　因為高度專注本身很痛苦，而且很損耗精力，必須有合理的養精蓄銳，才能有連貫性的重複。

　　任何過硬的本事都是不斷地鍛煉出來的，為讓人生不斷進步，就讓自己做一些有意識的、刻意的重複練習。

蛻皮效應 • Molting effect

47 走出舒適區，活出你想要的樣子

許多節肢動物和爬行動物，在生長中都必須經歷蛻皮過程，且隔段時間就要蛻皮一次，因為它們每一次的成長，都需要用新表皮取代舊表皮，每蛻皮一次，也就意味着它們又長大了。

　　對人來說，每個人都有一定的安全區、舒適區，想要讓自己有更大突破，就跨越自己目前的成就，不畫地自限。這就是蛻皮效應。這一效應告訴我們，只有勇於接受挑戰、充實自己，才能超越自己，活出自己想要的樣子。

　　舒適區一直是人們經常會談起的議題，新創舉的科技大佬、SpaceX 創始人馬斯克也經常會在採訪中說到舒適區。他表示他每天都在與想要待在舒適區的自己對抗，他一直在嘗試練習，希望每

天都有一兩件事是在舒適區外進行的。

　　與舒適區的對抗向來就不是容易的事情。筆者在網上看到過這樣一句話：「在大城市裏，讓一個人沉淪的方式特別簡單。給你一個安靜狹小的空間，給你一根上網線，最好再加一個外賣電話。」人類的潛意識中，有意在規避困難，而更願意待在舒適且熟悉的環境中，並且一旦進入舒適區並習慣其中的感覺，就會變得越來越懶散。因此，想要逼着自己走出舒適區，並不是件容易的事。不過，生活中也從來不缺少從舒適區走出來的成功人士，那他們到底是怎麼對抗舒適區，活出最好的自己的呢？

敢於突破極限

　　想走出舒適區，首先就要敢於向自己發起挑戰，敢於突破自己的極限。這裏我們就來說說劉璇。

　　1.53 米的體操皇后劉璇，和郭晶晶一樣，都曾在奧運會上與金牌失之交臂，但又重新奮起奪回。12 歲成名的她，在退役後，她嘗試着更多身份，敢於突破極限，追逐無限可能的生活。

　　劉璇說道：「這些年我經歷了非常多的身份，也讓大家看到很多面的劉璇。我很驕傲我擁有這麼多的身份，有過這麼多豐富的嘗試和歷練，這是少數人的人生不是嗎？」從體操奧運冠軍到國際裁判，再到演員、主持人、歌手、創業者……

　　是啊，我們大多數人曾經夢想，或者一直夢想着的那個能讓自己散發光輝、活得漂亮的人生，可不就只有少數人才擁有嗎？而劉璇為自己爭取的少數人的人生，就是通過不斷的突破，走出舒適區。

　　12 歲就拿到了各種團隊和個人全能冠軍的她，16 歲就因受傷、動作危險度太大等原因與冠軍擦肩而過。對體操運動員來說，16 歲「高齡」的她，不得不面臨兩個選擇：接受現實，帶着遺憾結束運動員生涯，還是繼續放手一搏？

　　雖然看似就是兩個簡單的選擇，但卻是兩種不一樣的生活，接受現實，就可以和每天 10 個小時的封閉式高強度訓練說再見了，以

往的成就完全可以滿足她舒適的生活，而選擇挑戰，她就不得不與自己的「高齡」體態相抗爭，不得不付出比以往更嚴苛的訓練，這就需要她突破極限。但她堅韌地選擇了後者，而她也不辜負自己的付出，20 歲的她，填補了中國隊在平衡木項目上的冠軍「零」突破。

很顯然，如果劉璇當時沒有挑戰和突破自我極限的勇氣和毅力，就不可能成就她體操生涯的完美，或許，她後面的人生也不會那麼精彩了。

因此，我們想要走出舒適區，活出自己想要的樣子，就要具備像劉璇一樣面臨挑戰、突破極限的勇氣和堅韌的毅力。

追逐無限可能生活的信心

生活中，從來都不缺乏追逐無限可能的人，但是能不能追逐到想要的生活，那就要看我們有沒有挑戰的信心了。我們還來説説劉璇。

結束了體操生涯的劉璇，先是成了北大新聞學院的一名大學生，沒有文化基礎的她，硬是靠着死記硬背攻下了高等數學、拿下了北大文憑，為後來從事國際裁判、記者、主持人等職業，奠定了專業基礎。

「我覺得每個人可能在新開始一件事情的時候，最初都需要一種勇氣，勇於突破舒適區。」大學期間的生活是自由閒適的，但她沒有放鬆自己，依然像當初體操訓練那樣，對時間進行嚴格切割，並嚴格按其執行，合理利用着每一塊時間，補齊她的弱點。

在第一次出演電影《我的美麗鄉愁》後，她站在人生新的路口，迅速找到了方向。在接拍了《終極目標》、《夜半歌聲》等幾部電視劇後，劉璇在表演方面積累了經驗，於是她大膽簽約了 TVB，並出演了很生猛的動作片《女拳》的女主角。香港電視劇都要講粵語，但她不會，她也「倔強」地不用後期配音，而是每天只給自己三個小時的睡眠時間，並利用拍攝期，在三個月的時間內學會了粵語。

正是靠着這股從運動員生涯就有的挑戰勇氣和信心，讓她一次次打破人生極限，突破了一次又一次的不可能，也正是這些勇氣和信心，讓她面對生活中的諸多困難時不再害怕、膽怯，讓她變得越來越強大。

　　如今，生活中不乏處於舒適區中的人，安於現狀，靜享美好，當然，這也不失為一種生活狀態。每個人的選擇不同，經歷的人生也會不同。但如果我們目前的生活還沒有達到我們真正想要的樣子，那麼就從此刻開始，走出舒適區，拿出自己的勇氣、毅力和信心，向生活發起挑戰。

凡伯倫效應 ● Veblen Effect

48 提升個人價值，讓自己變得「搶手」

生活中，愈貴的東西，購買的人反而愈多。

這是美國經濟學家托斯丹·凡伯倫提出的，由此也得出了凡伯倫效應。它告訴我們，人們更願意花高價錢購買更好的產品、服務等。

其實，這一效應在個人成長中同樣適用。想要讓自己更「值錢」，就不能墨守成規、不懂變通，要通過內修提升自己的身份感，讓自己的「身價」越來越高，讓自己變得越來越「搶手」。那如何才能讓自己變得「有價值」，又怎麼提升自身的價值呢？我們不妨來看看北京新東方集團創始人俞敏洪是怎麼說的。

在一次接受採訪時，俞敏洪被問到如何利用企業資源平台提升個人價值，他給出了自己的一些看法。下面我們就來具體看一看。

首先，從有變革和創新能力的大企業開始自己的職業生涯

俞敏洪認為每個人的成長都是從工作開始的，一開始還是要去別的公司打工、為別人工作，而且要選擇的企業一定是具有變革和創新能力的大企業。

剛畢業就創業很難，先不說技能、技巧方面，就是經驗也都沒有，只能陷入反覆創業卻無法成功的循環中。同時他也認為一畢業就進到小的創業公司，無法真正學到工作所需的技能、技巧。當然，他並不反對創業或者加入創業公司工作，但他認為先到大機構、大公司歷練自己更為重要。他還舉例說，一個人若想在教育領域開展工作，與其一開始就創辦一個小培訓班，還不如先到新東方這樣的企業工作一段時間。

之所以他認為想要有大的發展，須先到有變革和創新能力的大企業中歷練，是因為這些企業能夠提供資源平台，這些企業自身在運營、管理、創新流程、資源整合方面能力極強，在這樣的企業接觸到的東西是小企業完全沒有的東西，比如高科技訊息、先進的研發環境以及能與高手相互切磋、學習的氛圍等。

當然，俞敏洪所說的有變革和創新能力的大企業，指的是諸如華為、騰訊、阿里巴巴等企業。

其次，深入了解、研究細分工作領域及企業

大企業的工作是由多個部門、大量的人相互配合、相互支持共同完成的，進入大企業工作的人，往往會被分到很細化的、小領域的工作，如果你的目光僅限於你所在的細分小領域，提升自己價值的機會就很渺茫，學到的東西就會很有限，最終你可能僅是這個大企業中微不足道的那個部分。

還記得前面說到的那個案例嗎？在外企工作十多年的女碩士，

當有一天被裁員後，連 10000 元工資的工作都找不到。進外企是太多人的夢想，但是為甚麼進去了，最終還會被裁，甚至出來後工作都難找？原因就在於她僅限於她細分小領域的工作了，最終成了企業一個完全可有可無的人。

那該怎麼做呢？俞敏洪給出的建議是：一是了解細分領域工作中的所有相關內容，包括整體項目情況、整體項目的發展等；二是了解整個企業。

了解了細分領域工作中的內容，包括所在工作項目的重要性、發展情況等，可以拓寬你的眼界以及全域觀。

深入了解、研究企業，包括企業的戰略發展方向、企業的創新能力、企業的產業延伸以及內部管理機制等，都有助於將自己的工作做到更好，也有助於自身學到很多東西，提升自身價值。

舉個例子來說，很多大企業曾經的人事部逐漸被人力資源業務合作夥伴（即 HRBP）所取代了，就是因為曾經的人事部僅限於自己領域內的工作，單純地負責「人事」工作，只管招聘充足的人數，而從來不考慮業務部、生產部等到底需要的是哪類人才。為此人事部也經常成為讓其他部門不滿的部門。但是 HRBP 就不同了，他們了解企業各個部門的工作，了解每個部門對所需人才的要求，他們會按照每個部門的「所需」去選聘人員、安排人員。因為送到各個部門的都是最為合適的人才，所以不僅降低了人事工作的成本，還大大提高了各個部門的效率。

所以，進入大企業後，不管你被分到了哪個細分的小領域工作，都不要抱怨，更不要認為是企業對你不重視，而要牢牢抓住這一機會，並從中盡可能地學習更多的知識、技能等。

再次，在經驗積累的基礎上規劃自己的未來

在大企業工作，一定要對自己的未來有個清晰的思考以及長久的職業發展規劃，是想要在大企業中晉升，還是想要自己跳出來創

業。尤其是在大企業工作幾年後，一定要對自己的未來有明確的思考。

想要繼續留在大企業中，就要不斷強化專業知識、熟練工作內容、加強在工作方面的創新能力，爭取得到公司的職業升遷機會，為自己獲取更大的平臺和更多的資源。

如果你想要自己創業，那麼你要確定你是否已經做好了充分的準備，是否對整個行業十分了解，是否看清了行業前景，是否擁有拓展業務的大量資源等。

俞敏洪表示，如果你在大企業中，卻每天混日子，是沒有出頭之日的。首先，企業就不會允許有這樣的員工存在。其次，如此混日子，只會讓你慢慢走向「女碩士」之路。

清楚自己的職業規劃、定位，並努力為之付出，才能有所成長。

最後，尋求不同崗位的歷練

俞敏洪認為，提升個人價值的途徑之一就是藉助企業平台的不同崗位進行歷練來達成。他表示，在大企業工作，尤其是最初幾年，最好不要計較薪酬，發現自己真正的愛好和特長才是最為重要的。而通過不同崗位進行鍛煉，不僅能開闊自己的眼界，更重要的是能發現自己的優勢所在。

通過以上四條途徑的自我提升，最終你就能選擇到底是繼續在大企業中尋求上升通道，還是自我創業，如果上升通道很難打通，那就要尋求跳槽，或者自我創業了。

人一生就是在不斷尋求自我發展機遇中提升個人價值的，而在提升個人價值的過程中，一定不能少了大企業、大平台的歷練過程。

煮蛙效應 ● Boiling frog

49 沒有危機意識，
就要面臨「殺機」

美國康奈爾大學做過一個實驗：他們找來一隻青蛙，將它放入煮沸的熱水鍋中，青蛙立即跳了出去；當把它放入涼水鍋中，並用小火慢慢加熱時，青蛙雖然感覺到了溫度在變化，但沒有當機立斷馬上跳出來，直到最終難以忍受高溫想要跳出逃生時，卻發現已經跳不動了，只能被活活煮死。

　　這種在劇烈刺激下能夠迅速「逃離險境」，但在沒有明顯刺激感覺的情形下，失去警惕無法從危險中逃離的現象，被稱為「煮蛙效應」。

煮蛙效應在組織以及個人中應用非常廣泛。在華為，任正非就要求所有員工都必須有危機意識，而華為在被美國列入「實體名單」，又在美國政治壓力下，晶片等供應商對華為「斷供」的情況下，卻不為所懼，這背後的原因正是因為有危機意識。

在訪談中，任正非針對被美國列入「實體名單」以及「斷供」的現象說：「美國政客可能低估了我們的力量。我就不多說了，因為何庭波在員工信中說得很清楚……」何庭波在員工信中這樣說：為了防止美國斷供，多年前華為就針對極限生存做出了假設，並且耗鉅資研發了後備方案。所以，當美國在做出決定後，這些多年前就已經準備好的方案一夜間轉正，確保華為大部分產品的安全。

原來，從 2004 年開始，任正非就找到何庭波，並對他直言「給你 2 萬人，每年 4 億美元研究晶片」，到如今 15 年過去，華為耗費天文數字所做的準備就是為了抵住這一刻的驚濤駭浪。擁有自己的晶片，這就意味著，在美國向華為發動「戰爭」的時候，華為早已做好了迎戰準備。

任正非說：「我們的理想是站到世界最高點。為了這個理想，遲早要與美國相遇的，那我們就要為了和美國在山頂上交鋒，做好一切準備。」這就是任正非，也是華為的危機意識。而任正非也早早便看到了與美國的交鋒必定會來，而孟晚舟的被捕事件，讓華美雙方的交鋒提前了。

對此，任正非說：「我們很多員工春節連家都不回，打地鋪睡，就是要搶時間奮鬥。『五一節』也是這樣，很多人沒有回家。」正是這種未雨綢繆的危機意識，讓任正非也讓華為才能與美國抗衡。

不管是組織，還是個人，在發展中，在日常的歲月靜好中，都是提前備好了乾糧，在預判的危機到來時，因為有之前的準備，危機則成了再一次成長的機會。

所以，一個人要想在競爭激烈的社會中佔有一席之地，就要提前做好以下準備。

深入了解、學習行業趨勢和技能

身處某一行業中，不管你現在發展到何種程度，是領先對手很多，還是在不斷地緊追行業領頭羊，都要記得不斷學習行業技能、觀察行業趨勢變化。重點要洞悉以下一些行業相關的變化。

圖
7-7 　洞悉行業變化的幾方面

1 行業人才素質的變化

2 行業人才身價變化

3 行業人才需求空間

4 行業存在的細分領域

5 行業會出現的新技術

6 行業的增值價值鏈在哪裏

舉個例子來說，如果你目前正在從事 IT 行業，那麼就要多關注、學習區塊鏈、人工智能等方面的知識、技能。

同時，我們盡量多掌握幾種技能。有研究發現，一個人的財商是會計、法律、市場營銷、投資等各方面能力的綜合，也就是說，我們每個人都可以掌握不止一種技能，學習多種技能，並將多種技能相結合，那麼就會出現多種生財方法。多掌握幾種技能，其實也是多給自己儲備幾種生存利器，這樣就能體現自身的價值，在社會中有立足之地。

增強工作的不可替代性

不少人每天都在重複着簡單、單調的工作，重複着同樣的流程和步驟，諸如這種比較機械的工作，很容易被人工智能所替代。所以，如果已經選定了職業，那麼就要在自己的位置上多進行創新性的工作，讓自己的工作具有建設性和獨特性。

舉個例子來說，圖書編輯工作中，有組稿編輯，也有策劃編輯，如果僅懂得組稿，不懂策劃，那麼被替代的可能性就非常大。但如果在組稿的過程中還兼策劃的工作，那麼就降低了可替代性，讓自己變得更有價值。比如一本書，有的人從策劃選題到內容編輯再到文案、封面設計、宣傳等全流程，都能獨立完成，而有的人僅能夠完成部分內容。誰體現出的價值高、誰體現出的價值低，就一目了然了。而價值高低無疑就決定了可替代性的高低。

當然，提升自身的價值，增強自身的不可替代性，在工作中不斷加強學習，不斷吸收新知識、新技能也是非常關鍵的。

敢於面對失敗

有危機意識的人，在面對機會時不會猶豫，會緊緊抓住，哪怕可能會面臨失敗。畢竟抓住機會，走旁人不敢走的路，敢於創新，敢於發出不同的聲音，才能有機會登上別人不敢攀登的高度。很多人一生碌碌無為，就是因為不敢面對失敗，擔心承擔風險。

人活着，就要有危機意識，更何況是在當今飛速發展的時代呢？如果你懈怠，安於現狀，缺少危機意識，後面就會不斷有麻煩、壓力找上來。比爾·蓋茨說過：「微軟距離破產只有 18 個月。」就連世界頂級的企業都有這種危機意識，更何況我們個人呢？保持危機意識，就是保持上進的動力，身處安逸的生活中，卻能想到將來可能會遭遇的困境，並着手做好準備，才能真正做到拼在當下、贏在未來。

很多時候，我們會按照慣例、固定的思維、工作的經驗之談來解決問題、看待問題，但人活一世，不要處處給自己設限，同時也不要處處以慣有的眼光、思維看事情，只有跳出固有思維的框架，不斷突破自己，才能真正活出你想要的人生、活出最好的你。

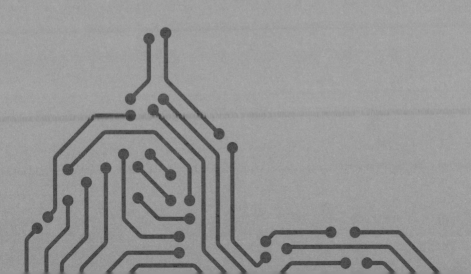

第八章

突破思維

創造總是從打破常規開始

定勢效應 • Einstellung effect

50 突破常規，到處都是機會

美國心理學家麥克做過一個實驗：他從天花板上懸下兩根繩子，要求一個人把它們繫在一起，但兩根繩子之間的距離超過人的兩臂總長很多，用一隻手抓住其中一根繩子，伸到最大限度時，依然沒辦法抓到另外一根。不過，在旁邊很顯眼的位置，就有一個滑輪，目的就是為了引起人們的注意。然而，儘管被要求繫繩子的人早就看到了這個滑輪，還是沒有想過它有甚麼用處，最終還是沒能完成繫繩子的任務。

其實，非常簡單，只要將這個滑輪綁在其中一根繩子末端，並且將這個滑輪順着另一邊的繩子方向蕩起來，然後趕緊抓住另外一端繩子的末端，在滑輪蕩過來的時候馬上抓住，就能將兩根繩子繫在一起了。

心理學家將這種不懂變通的現象稱為定勢效應，指的是有準備的心理狀態會影響後續活動的趨向、程度及方式。

很多人在生活中抱怨沒有機會，然而，或許並不是沒有機會，而是你一直帶着「老眼光」看新形勢，自然看不到任何機會。可在如今瞬息萬變的時代發展中，我們若在認知方面總是帶着「老眼光」，一直在思維定式中出不來，即使再勤奮、再努力，工作也難以有大的進展和突破。那麼，生活中，我們經常會被哪些思維定式困阻呢？

單維度思維方式

不懂變通，缺乏靈活性，不懂拓寬思路，難以有突破。

極度經驗主義者

經驗豐富，但不懂得迭代更新、與時俱進，用老眼光、老經驗對待新環境下的新問題，依然會受阻。

過分自信者

過度自信與果斷不同，本質上等同於自負了，很可怕，撞破頭的概率反而更大。

就像那個實驗：將 6 只蜜蜂和 6 只蒼蠅同時裝進一個玻璃瓶中，並將瓶子敞開口平放，讓瓶底朝着光亮的窗戶方向。結果呢？

基於出口就在光亮處的思維方式，蜜蜂以為透着光亮的瓶底就

是出口，於是不停地向着那個方向飛，結果它們最終都被累死或餓死了。而蒼蠅呢，平時我們都說無頭蒼蠅亂飛亂撞，就是因為它們沒有任何的邏輯思維，完全沒有光亮處就是出口的思維定式，亂飛之下，最後都找到了出口。

這個實驗就很好地說明了思維定式對一個人成長的阻礙，想要看到全新的你，就不得不打破思維定式。當然，打破思維定式，也不能像「無頭蒼蠅」那樣亂撞，得講究一定的方式方法。

不按常理「出牌」

習慣了在一個固定的思維模式下生活和工作的人，想要突破勢必難如登天，或者說，很多人更喜歡安於現狀，根本不想突破。但是，如果你想要活出跟別人不一樣的人生，那就要比這些不想突破的人敢想、敢做，敢於不按常理「出牌」。

在一個村子裏，村民靠開山砸石塊、運石頭給蓋房的人，每天辛辛苦苦，卻賣不了多少錢。但是有個人卻不這麼幹，他看到奇形怪狀的石頭造型別緻，於是他便找到一位花鳥商人，以假山石的價格出售了石頭。很快，他第一個蓋起了讓人羨慕的瓦房。

政策不允許開山了，村民開始種果樹，漫山遍野都是汁濃味甘的大鴨梨，八方客商都聚集過來，將鴨梨成筐成筐地運往國內外的大城市。可就在大家為果樹帶來的收益慶祝時，那個人賣掉了果樹，種起了柳樹，因為他發現，好鴨梨有的是，但裝鴨梨的筐子卻經常短缺。很快，他又成了整個村子第一個在城裏買房的人。

一條鐵路貫穿南北，上到北京，下到九龍，村民們做起了果品加工生意，開始籌資設廠。但那個人僅是在地邊上蓋了一道牆，這道牆面向鐵路，當火車經過時，大家都能清晰地看到牆上的「可口可樂」四個大字，五百里山川，這是僅有的一塊廣告牌。就靠着這道牆，他每年都能輕鬆拿到 10 萬元的額外收入。

他同樣是小村中的一分子，同樣沒有讀過多少書，然而，他敢想、敢做、懂變通，不走常規路線，總是將想法先人一步。由此才成就了他的一次次成功。

敢於否定自己

在每天的工作生活中，我們已經形成了一套思維習慣，這一習慣很容易將我們帶到固定的思維軌道上，讓我們時刻記着自己是誰，該怎麼做。但是想要做出突破，我們就必須警惕這種思維本能，敢於否定自己。但是在否定自己時，還要注意以下幾點。

▪ 持辯證否定觀 ▪

辯證否定觀告訴我們：從辯證的角度來說，不能對自己完全肯定一切，也不能完全否定一切，要在肯定中看到否定，在否定中看到肯定。不能一味否定自己，這樣反而會嚴重打擊自身積極性，讓自己違背想要突破的思維。

清醒地認識自己 ▪

否定自己，首先要對自己有清晰的認知，這也是我們在第一章就為大家介紹過的。「人貴有自知之明」，只有清晰了解自己的長處和不足，才能辯證地肯定自己的長處、否定自己的不足，進而對不足加以彌補。

▪ 邊成長邊檢驗 ▪

成長是一個不斷實踐的過程，在這個過程中，要不時地檢驗自己，看清具體有哪些進步、哪些不足，然後具體提升。

別總給自己找藉口説沒有機會，記住，只要你突破常規，跳出固定的思維框框，到處都是機會。

鳥籠效應 • Birdcage Effect

51 不在鳥籠中盲目前行，要在鳥籠外歡脱快活

哈佛大學心理學家占士和好友物理學家卡爾森打賭，占士說：「我有方法讓你很快就得養一隻鳥。」卡爾森聽完占士的話不以為然，因為他從來沒想過要養鳥，他是根本不會養鳥的。

過了幾天，在卡爾森生日時，詹姆斯送了他一隻非常精緻的鳥籠。卡爾森笑笑說：「就算你送我再漂亮的鳥籠，我也不會養鳥，我只當它是一件藝術品吧。」於是卡爾森便將鳥籠放在了書桌旁，不再理會它。

可從此以後，只要家裏來客人，看到空鳥籠，都會問鳥飛到哪裏去了，卡爾森一次次地告訴客人說自己不養鳥，鳥籠不過是朋友送的。而客人聽到他這樣的回答後，都會投來疑惑和不信任的目光。最終，卡爾森買了一隻鳥回來。

這就是占士提出的著名的「鳥籠效應」。就算卡爾森沒被客人詢問，或者不做任何解釋，鳥籠依然會對他形成一種心理壓力，進而主動想要去買一隻鳥放進籠子中，占士也正是利用了這種心理才與卡爾森打賭的。它告訴我們，當我們偶然得到一件原本不需要、對自己毫無用處的物品後，還會繼續在它的基礎上添加更多與之相關的東西。

生活中，其實很多人都難以擺脫這一效應，其原因就是慣性思維在左右你的思想。例如，剛剛入職一家新公司，來到新的環境，從事新的工作，往往讓人如履薄冰，每項工作都認真、仔細地完成不說，完成之後還會認真總結、歸納、翻查。

而一旦這種嚴謹的工作收到了成效，並且越來越容易後，接下來就會開始被慣性思維扯着走了。或許這種慣性能夠給自己的崗位工作提高效率，但畢竟腦力勞動者更需要的是創造力和想像力的內容，一味地複製並追求「熟能生巧」的效率，不僅無法完成高水準的工作，還會形成「理所當然」的懶惰和麻木思維。這是對智慧的不尊重和怠慢，也是阻礙和束縛個人成長的絆腳石。

因此，個人想要有所成長，就需要跳出鳥籠效應的慣性思維。這裏，我們為大家舉幾個實例，希望能夠幫助大家，用靈活的思考方式、多元化的求職思維以及創新的思考去掙脫鳥籠效應、突破慣性思維。

麥當勞不與同行競爭，而與自己競爭

大家都知道，麥當勞最初就是街邊的漢堡店，並想通過搶顧客打敗隔壁的漢堡店，而這種競爭方式也是大部分行業的做法，因為幹掉一家同行，就能讓自己壯大一些。但是後來文洛克接手麥當勞後，並不這麼做，他認為這樣的做法無非是「損人一千，自損八百」，得不償失。於是他改變這種常規的競爭方法，轉而與自己競爭，花大量的時間、精力規範生產流程、管理流程，最終發明了加盟、連鎖的獨特商業模式。

正是突破了固有的慣性思維，讓麥當勞曾經的競爭對手變成了合作夥伴，麥當勞從一家普通快餐店，變成了遍佈全世界的快餐帝國。

福特汽車用價格決定成本

大家都知道，一件商品，傳統的定價方式是由成本來決定價格的，但福特汽車的創始人亨利‧福特卻改變了這一方式，用價格決定成本。

曾經，汽車僅是極少數貴族才能消費得起的奢侈品，一般家庭根本沒能力購買汽車。為了讓普通老百姓也能擁有汽車，亨利‧福特決定將價格降到老百姓都能接受的範圍，最終他真的推出了 T 型車，並將汽車價格從原來的 4500 美元降到了 360 美元。

起初，大家認為福特是找到了降低成本的生產流程，其實，福特根本不是這麼想的，在定下價格時也沒有找到任何降低成本的方法，他只是將成本決定價格的傳統思維方式顛倒了一下，讓價格來決定成本。先定下價格，然後再根據價格從各個流程去控制成本。

T 型車的成功證實了福特改變思維方式的正確，正是藉助這次轉變，汽車開始在大眾間普及，其產量佔據了當時全世界汽車總產量的一多半。

只要懂得跳出思維的「鳥籠」，就沒有甚麼問題是不能解決的。

很多人可能覺得不落俗套、不受慣性思維支配，都是一些「假、大、空」的口號，其實根本不是，只要換個思路、換個角度，你就能停止鳥籠中的盲目前行，而實現鳥籠外的歡脫快活。

馬太效應 • Matthew effect

52 掙脫「強者愈強，弱者愈弱」，實現人生逆襲

《新約‧馬太福音》中有這樣一個故事：富豪馬太決定到外面的世界去轉轉，臨走前，他將三位管家叫到身邊，給了他們每人 1000 個金幣，並允諾他們可以自由支配。

馬太離開了一年，在這一年當中，第一位管家拿着 1000 金幣去做了投資，賺到了三倍的錢；第二位管家拿着 1000 金幣買來各種原材料做成商品出售；第三位管家因為擔心會有損失，將錢存放起來，一分錢也沒掙到。

一年後馬太回來，第一位和第二位管家的做法得到了他的讚賞，他將第三位管家的錢沒收，獎給了做投資賺到三倍錢的第一位管家。

這個故事就是馬太效應的由來。「凡有的，還要加給他，讓他多餘；沒有的，連他所有的也要奪過來。」這是《新約．馬太福音》的原文，也是馬太效應的精髓所在。它告訴我們，強者會變得越來越強大，弱者會變得越來越弱小。

馬太效應在生活中隨處可見，比如在公司中，能力突出的總是那麼幾個人，而他們也總是能獲得老闆的信任，獲取更多的資源和機會，做出更大的成績，得到更大的晉升空間、更廣闊的平台。而那些能力較差的人呢？總不被看好，沒有資源，做不出成績，無法獲取晉升空間以及平台，最後絕大多數會鬱鬱寡歡而離職。

還有一些電視劇明星，原本是一個籍籍無名的演員，但經過一部劇後，迅速積累人氣，接下來，大導演、大製片、大公司、大廣告等，都開始向他發出大量邀請函。

總之，馬太效應讓我們知道了，強人會越來越強，而平庸的人會越來越平庸。想要不斷突破尋求成長，突破平庸，跳出馬太效應的怪圈，走向不平庸，在成長過程中，我們又該怎麼做呢？這就需要我們懂得懷疑自己的固有觀念，看它是不是真的正確，是不是在經過你多年的實踐後，真的給你帶來了成長與進步，如果不是，那麼就要重新審視它，並從以下幾個方面入手加以突破，來幫助我們一步步走向成功。

找到成功的突破口，讓成功不斷循環

如果你現在正處於平庸的狀態中，周圍的人都是比你強的人，那麼你就要努力讓自己躋身於強者的行列。這就必須經過努力的付出和積累。

舉個例子來說。一個中六學生的成績在班級上一直排在後十名，有一天他突然意識到，想要通過高考爭取到名牌大學的入學名額、為自己的將來打下一個堅實的基礎，就得從成績上突破自己，讓自己躋身到前十名甚至是更靠前的位置。於是，在距離高考僅剩下不到 150 天的時間時，他開始發憤圖強，從高一的課程開始有計劃、

有步驟地複習，到還剩下 60 天左右時，在進行模擬考時，他的成績已經到了全班前十名的位置；而在最後的衝刺階段，他的成績已經名列全班第一，同時躋身到了全年級前三名的排名中。而最終，高考時，他以優異的成績被某重點大學錄取，並經過幾年的大學校園生活，最終畢業後進入了國家級的科研機構工作。

想要跨出馬太效應的怪圈，第一步是非常艱難的，但是只要找到了自己成功的突破口，就一定能在此基礎上讓成功走入良性循環的軌道。而這一成功的突破口，就無疑是人生的「第一桶金」，它不僅僅是指財富上的金錢，還指經驗、人脈、技能、專業知識等，也就是資本的原始積累。

上例中的中六學生，從中四的課程開始有序地進行複習，其實就是知識的積累，通過一段時間的積累，取得了成績的提升，在成績提升的基礎上，讓自信倍增，並讓他意識到努力不是白費的，於是他最終取得了會考的成功。

資本的原始積累是一個非常痛苦的過程，因為這個過程可能會比較「黑暗」，讓你無法看到希望，但是只要堅持積累，並承受住強大的心理壓力，自律自控，朝着心中的目標努力進發，就一定能看到曙光，進而收穫更大的光明。

改變遊戲規則，給自己尋求鹹魚翻身的機會

有道是物極必反，一個人的弱點往往就是優點的基礎，而一個人的優點又往往是弱點的所在。舉個例子來說，對手過於強大，但他為了維持他的強大不願意在銷售策略上做變通，並且每天坐在辦公室中，只能從下屬的報告中獲取市場訊息。而你雖然身處市場最底層，卻因為能夠直接接觸市場而對市場有充分的了解和認識，並在一番調查研究和分析後，找到了能推動更大市場的銷售策略和方法，那麼，這就是你改變遊戲規則、以弱勝強、鹹魚翻身的機會。

集中所有資源，專注做好一件事

　　想要跳出馬太效應的怪圈，整合自身資源是非常關鍵的。但是我們本身處在普通人的行列，手中握有的資源是非常有限的，這就需要我們藉助「木桶定律」的長板理論，這一點我們在前面已經說過，就是用自己有限的資源，專注去做好最擅長的領域的工作，將這個領域的工作做到精、細、專，就不愁沒有市場、沒有資源注入。

　　所以，想要掙脫馬太效應的怪圈，就要敢於對自己的觀念提出質疑，同時找到人生逆襲的突破口，並為其付出努力，最終實現鹹魚翻身。

53 所謂成功，
就是別人不願做的你做了

美國管理學家威特利提出：成功者所做的，往往是
絕大多數人不願去做的，所以他們成功，就是因為
他們做了絕大多數人不願意去做的事情罷了。

這就是威特利法則。它讓我們知道了世間大多數成功的秘密所
在──做別人不願意做的事！

那為甚麼有些人不願意去做一些事情呢？這裏無非有兩個原因。

事情太難，
不容易做到。

事情太容易，
沒有成就感。

極其困難的事情，會讓大多數人畏懼，從此知難而退、止步不前，但成功者敢於突破，敢於想像，所以才做出驚天的成就；極其容易的事，大多數人又不屑於去做，但成功者不會這麼想，他們享受這些容易的事情帶來的樂趣，持之以恆，最終也做出了非凡成就。

就像美國歷任總統都沒想過，或者說沒能廢除黑奴制度，林肯做到了。為甚麼？林肯在講述自己幼年時的一段經歷中給出了答案：

林肯的父親在西雅圖以非常低的價格買了一處農場，原本主人是不願意賣的，但是農場裏有很多大石頭，與大山相連，沒辦法搬移。

有一年，林肯的母親帶他們去農場裏勞動，母親建議他們將那些大石頭搬走，結果，沒多長時間，那些石頭就被他們弄走了。原來，那些石頭都是獨立存在的，並沒有跟大山連在一起。

林肯的母親帶領他們讓曾經「石頭連山」的貧瘠農場成了優質農場，其實就做了原來主人不願做的事——搬走石頭。

而當時美國經濟命脈掌握在奴隸主手中，廢除黑奴制度，無疑是在極大地削弱這些奴隸主的利益，可想而知，當時廢除黑奴制度是多難的一件事。但是，林肯知道，無論怎麼難，只要做了，就有實現的可能。最終他做了，也廢除了黑奴制度，成了世界上最具影響力的人物之一。

所以，我們想要成為卓越的成功者，就要去做別人不願意做的事。但該怎麼做呢？也是有方法可借鑑的。

把容易的事情做細緻

容易的事，尤其是極為容易的事，就是誰都能做的事，沒有任何技術含量，正因如此，很多人對這樣的事往往嗤之以鼻。但是，如果將這些容易的事做到細緻，你就能成功了。台塑創始人王永慶小時候賣米的故事就能說明這一點。

小學畢業的王永慶，輟學去了一家米店當學徒，憑藉着靈活的頭腦，很快便用從父親那裏借來的 200 元錢做本金開了一家自己的

米店。因為加工技術落後的原因，當時出售的大米中含有不少米糠、沙粒和小石子等，顧客也都了解情況，所以從來沒有對這樣的大米有過抱怨。

王永慶卻將這種情況放在心上，他細心地將大米中的沙粒、石子都挑揀乾淨後才出售，結果，大家都喜歡到他的店裏買米。

在做了這件非常容易、可其他店主卻不願意做的事情之後，王永慶做出了一個舉動：送貨上門。這件事對於每家店的小老闆來説，可是自降身份的事情，然而王永慶靠着這一服務讓自家的米賣得最多。

但是他也不只是送貨，還將顧客的家庭情況了解得很熟：幾口人，一個月的吃米量，甚麼時候發工資等。算着顧客的米可能快吃完了時，他就會主動把米送上門，但不着急收米錢，等到他們發工資的時候才會來收取米錢。

他工作的細緻還遠遠不止如此，每次送米的時候，他並不是送到就算完成任務，而是會幫顧客清理米缸，把舊的倒出來，倒進新米後，再將舊的倒在表層，這樣就不會導致缸底的米總吃不到而變質了。

在這樣極其容易的小事上，王永慶提供着他細緻的服務，最終他成了台灣工業界的龍頭老大。

所以，面對機會時，我們不要「挑肥揀瘦」，不要因為它過於容易、過於簡單而不屑為之。做了，並且細緻地去做，早晚都能從中看到成長。

拿出挑戰困難的勇氣

成大事者、敢於面對最大困難的人，當然少不了勇氣，就像林肯，廢除黑奴制度得需要多大勇氣，恐怕只有他自己清楚，可以説，他當時真的是冒着生命危險在做這件事，雖然黑奴制度廢除了，維護了美利堅聯盟國及其領土不分人種、人人生而平等的權利，但林肯最終也為此付出了生命——遇刺身亡。

其實，事情到底難易程度如何，只有自己做了才知道，就像林肯父親的農場裏那些看似難以撼動的巨石，其實就是一個個獨立的石塊。水到底深不深，也只有自己踏過之後才清楚。所以，面對大家都不敢為之事，拿出你的勇氣付諸行動，或許你會發現，其實它根本沒那麼難呢。

全力做別人不願做的事

不管是極難的事情，還是極容易的事情，決定要做了，就用心去做，有道是，凡事都怕用心，只要用心做了，成功就變得沒那麼難了。為甚麼這麼說呢？還在於以下三點因素。

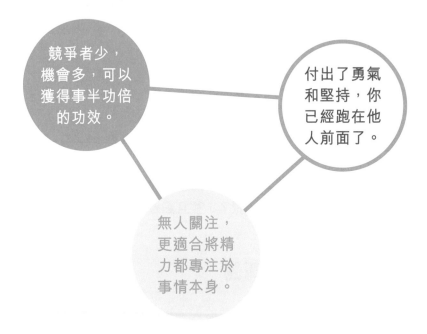

因此，不要認為絕大多數人不願意做的事，你也不能做，而是要鼓勵自己去做。不落俗套，敢有超人之想、驚人之舉，才能成就最終的不同凡響。

里德定理 ● Reed's law

54 適時改變，遇見最好的自己

覺得當下的一切都將永遠存在，有這種思維的人已
經輸了。想要有所突破和發展，就要懂得變化。

這是由美國花旗銀行公司總裁約翰‧里德提出來的，被稱為里
德定理。

里德定理告訴我們，想要突破舊思維，緊跟時代變化，快速適
應新形勢、新環境、新情況，為自己的人生開闊更寬廣的空間，就
得接受變化，不斷學習。

台灣作家劉墉說：「成長是一種美麗的疼痛。」想要不斷成長，
遇到最好的自己，就要不斷在發展變化中改變自己。

有這樣一個小故事：

甲、乙兩人一起聊天，甲問：「你知道毛毛蟲是怎麼過河的嗎？」
乙給出了三個答案：「從橋上過。」、「從葉子上過。」、「被鳥

叼着過河。」對於乙的三個答案，甲都給否定了，他説：「沒有橋。」、「葉子被水沖走了。」、「被鳥直接吃掉了。」看着乙一臉迷惑不解的樣子，甲説：「牠變成蝴蝶飛過河。但是在變成蝴蝶之前，毛毛蟲要經歷一個痛苦的過程，它需要長時間待在繭殼裏面孕育力量，直到破繭成蝶的那天。」其實，不僅是蝴蝶，人也是一樣，在飛速發展的新形勢下，依然抱持固有的舊格局、舊觀念、舊思維，勢必會處處碰壁、時時受挫，在這種情況下，如果還不像毛毛蟲一樣適時改變，最終迎接自己的只有痛苦、懊悔。

然而，即使很多人已經意識到自己在不斷地被滾滾向前的浪潮拍打，但還是沒有改變的想法和行動。這到底是為甚麼呢？總結起來有以下幾點。

認知不足，意識不到

很多人被眼前的「忙碌」、「勞累」、「壓力」等所累，認為自己已經這樣了，為甚麼還要費時、費力、費心地去做改變。

曾經有一個講師講到他自己的一個親身經歷。他説，有一次一家公司的老總邀請他去給公司員工進行內訓，目的是提高員工的工作效率。他表示，和往常去其他公司講課一樣，那堂課的內容是絕對提高工作效率的方法，而且，他的演講也被很多公司員工喜歡，因為每次演講都是以結合 PPT 和現實案例的形式展開，給到員工手中的課件也是圖文並茂的形式。然而，即使如此，在講的過程中，他發現，在 300 人左右的大會議室中，竟然有十來個人趴在桌子上呼呼大睡。他當時沒有生氣這些人對他不尊重，而是從內心深處感受到那家公司老總的可憐，因為，他看到了這些員工對學習的淡漠、對改變的不屑。

但是，出於責任，他還是讓其他同事將睡覺的人叫醒了，並以他的機智幽默，對這些睡覺的人進行了一番調侃，當時有人大聲説道：「我們實在是太累了。」、「我們精力有限，除工作以外，再沒有想其他事情的精力了。」很顯然，他們認為學習要再付出精力、時間，他們不願意再去做這些付出。

之所以很多人認識到了改變的重要性，但卻遲遲不付出行動，根源就在於他們被眼前的「苦累」蒙蔽了，認為哪怕再做一點兒改變都是負擔。

應對策略：但是如果我們換一種思考方式，做適當的改變，將學習新東西、新技能當作是提高效率、緩解疲勞的方法，而且學會了這種方法，可以讓原來兩天的工作變為一天的工作，讓原來煩瑣的工作變得條理清晰，是不是我們就更容易接受改變了，也願意為改變付出精力和時間了呢？

過多理由限制了行動

還沒為改變做出任何行動，就開始從客觀、主觀等方面找各種理由，就是不付出行動。

舉個非常簡單的例子。領導讓員工將工作事項列出來，而這時候就有不少員工根本就沒有列，或者就列出了一兩條。每個人的工作每天都有很多，不可能僅有一兩條，更不可能沒有。原因是他們還沒有列，就開始分析：這個工作完全沒辦法實施；這個工作沒有生產部門不可能完成；這個工作怎麼可能單靠一個人就能完成呢……

其實，在工作、生活中，我們也經常會給自己找各種各樣的理由，要不搪塞，要不就根本不做任何改變。

應對策略：改變思考問題的方式，不給自己過多理由，不要想太多，先行動起來再說。

太過「死心眼」

對待工作、生活認真、執着是好事，但就怕是不動一點兒腦筋的認真、執着，這就成了「死心眼」了。

曾經一位老闆安排一個員工去影印一本宣傳手冊，手冊不到100頁，但是要影印出至少30冊，按一頁一頁常規影印，兩天的時間也複印不完。老闆其實意識到這個問題了，但他在交代員工去做的時候，因為手頭有其他的事情，就沒有多說，結果員工就直接去

影印了。

一上午過去了，他只影印了一冊多點，既要翻頁壓平，又要一頁一頁印，效率慢也正常。可問題是，如果當時接到任務時沒考慮時間的問題，在一上午的時間過後，也應該有時間提出問題了，但他沒有提出問題，下午又悶不作聲地接着影印。

這時候，另一位平時常被老闆說「反應快」的員工實在看不下去了，手中的工作做完之後，他就去找老闆，說自己可以快速影印出來。於是老闆就交給他去做了。然後臨下班前，他就將 30 冊影印件帶回來了。

後來領導問他是怎麼做到的，他說他只是將原來的那本宣傳冊一頁一頁地單獨拆下來，並且將邊緣剪掉，然後採用自動送紙功能，很快就打印好了，打印出來的效果還和直接訂裝的差不多。只是最初的那本宣傳冊再次被訂裝後，相比以往小了不少，但並不影響內容的閱讀效果。

這就是「死心眼」和「反應快」的不同。其實，我們平時可能也會有這種情況出現，將時間和精力耗在一棵「樹」上，不知道想想其他的解決辦法。

應對策略：遇問題懂變通，多列出幾種解決方案，不要在一件事上損耗太多精力和時間。

太懶不想為改變付出行動

「太難了，我不想去學。」、「道理我倒是都懂，就是不想動。」生活中，一定不乏有這些心聲的人，在改變面前，他們表現出來的就是懶惰，甚至為自己的懶惰找各種理由。哪怕目前的工作讓自己感到非常壓抑、痛苦，也不願意為此做出改變，不願意接受哪怕一次的成長陣痛。

應對策略：沒有別的辦法，面對懶惰的人，就得逼着行動。

上面我們說出了難以做出適時改變的原因以及應對策略，工作和生活中，只要我們避免那些不願為改變做出行動的原因，同時參照應對策略去做出改變，就一定能「化繭成蝶」，遇見最好的自己。

毛毛蟲效應 • Caterpillar Effect

55 扔掉「輕車熟路」，學會「正確地」犯錯

法國心理學家約翰‧法伯做過一個著名的實驗：他找來許多毛毛蟲，並將它們放在一個花盆邊上，讓它們一個接一個地相連，且繞着花盆圍成一圈，而在花盆周圍不遠的地方，他特意放了一些毛毛蟲喜歡吃的松葉。

第一個毛毛蟲開始走了，它沒有發現花盆不遠處的松葉，而是沿着花盆邊緣一圈一圈地走，結果後面的毛毛蟲也跟着它一圈一圈地走，就這樣，時間一分一秒過去了，經過了七天七夜，這些毛毛蟲都因為饑餓和筋疲力盡相繼死去了。

在做這個實驗以前，約翰‧法伯還在想，毛毛蟲會不會因為厭倦這種繞圈的行動而轉向它們愛吃的松葉，結果沒有一隻毛毛蟲這樣做。

後來心理學家將這種因為習慣跟着前面的路線行走的行為稱為「跟隨者」習慣，把因此而導致最終失敗的現象稱為「毛毛蟲效應」。

毛毛蟲效應告訴我們，成長不能墨守成規，將自己禁錮於以往的僵化經驗和模式中，而是要不斷地與時俱進，尋求發展和突破。

其實，在工作和學習中，我們很多人更願意採取「輕車熟路」的方式方法去面對和解決問題，也會下意識地去反覆重複的思考方式與行為方式，這就是固有思維。

之所以大家習慣持有這種固有思維，主要原因還在於害怕犯錯、擔心失敗，有「不做就不會錯，多做就多出錯」的心態。所以，想要突破固有思維，就要做到以下兩點。

改變對錯誤的認知

想要改變對錯誤的認知，還要建立起以下一些意識。我們來看一下。

▪ 將錯誤和失敗區分開 ▪

區分錯誤和失敗，我們首先要弄清兩者的意思。

錯誤

認知新事物時採取了錯誤的嘗試方式，是事物認識的一種結果。

失敗

他人或自身對情感認知上的一種評價。

弄清了兩者之間的關係，避免「不做就不會錯」的消極心態，就能打破固有思維了。

▪ 將錯誤當作一次反饋 ▪

其實，錯誤是在實踐、認知過程中的一種反饋，經驗教訓不都是從錯誤中得來的嗎？「失敗是成功之母」，就是將錯誤當作反饋的最好詮釋。所以，不要擔心犯錯，也不要因為已經犯的錯而給自己太大的心理負擔，從中吸取教訓，避免以後犯同樣的錯誤才是最重要的。

就像NBA球隊的教練組，準備一場球，需要準備多套戰術方案，每套方案中又會有具體的指導策略。一套戰術方案不好使，進攻、防守方面效果都不好，馬上從中找原因，調整戰術、換策略。

這是將錯誤當作反饋的最好反映。

▪ 將錯誤當成學習機會 ▪

犯錯的同時其實也為自己提供了一次很好的學習機會。但是在生活中，我們會經常刻意地規避錯誤，或者還沒開始行動，就先去識別錯誤。正是這種思想，讓我們失去了很多嘗試錯誤、獲取良好經驗的機會。很多人知道從事一件事情很難，卻不知道其中到底有哪些難，或者這件事情的難度到底有多高，這就讓自己和「乖孩子」、「書呆子」沒區別了。

轉變對錯誤看法的固有思維

想要轉變對錯誤的看法，就要改變思維方式，學會「正確地」犯錯。具體我們通過以下幾方面來看一下。

▪ 突破自己「不會犯錯」的形象 ▪

為了讓自己始終保持現有的形象，比如聰明、睿智、先進員工、優秀工程師等，有些人就會將自己封閉起來，不敢再有絲毫的行動去嘗試新鮮事物和改變，這無疑是給自己上了一道枷鎖，同時也將自己完全拘囿於一個狹小的空間內了，完全阻礙了自身的成長。

因此，我們不能用錯誤的方式來維護自己不會犯錯的形象，要知道，突破發展的道路上沒有不犯錯誤的人，更沒有龜縮不前的人。

▪ 有意識地犯錯 ▪

改變不敢犯錯的思維方法之一就是有意識地讓自己犯錯，通過這種犯錯克服恐懼心理，並且通過犯錯改變對錯誤的認知，得到正確的認知。

同時，有時候也真的需要我們通過一些反面的結果來驗證我們的正確結果。這種情況在科研項目研發上經常會出現，因為一項新的科研項目，首先就是一個大膽的假設，這個假設在被驗證正確之前，往往需要多次的錯誤結果驗證。

還有在青少年的教育方面，故意讓他們犯錯也是一種不錯的促進他們成長的方法，因此只有犯過一次錯，他們才能知道那樣做是不對的，是要採取其他正確的途徑的。

當然，故意犯錯要注意犯錯的程度以及可能會帶來的後果，不要讓犯錯給自己帶來負面結局。就像在嘗試化學實驗時，事先就要了解這個實驗結果會不會產生爆炸，產生爆炸的威力如何，適不適合在實驗室做這個實驗。

還有針對青少年來說，家長可以放手讓他們犯錯，但是這些錯是在可控範圍內的，比如他們一定要吃冰鎮的西瓜，說了多次也不聽，那麼不妨就讓他們吃，吃完之後拉肚子就是讓他們認識錯誤最好的方法。但是如果是打架鬥毆、聚眾滋事等，就不能放任不管了。

同時也要注意在有意識地犯錯時，要避免走太多的彎路，太多錯誤會讓試錯的成本大大增加，得不償失。不妨在有意識犯錯之前，先搜尋一些相關的資料，尤其是知名專家的看法，看他們都有哪些經驗總結，從中找到哪些是他們已經驗證過的錯誤，是通過甚麼方法行不通的。

想要人生能有突破、成長，想要自己能有一個嶄新的未來，就要懂得扔掉「輕車熟路」的思維，不怕犯錯，並學會「正確地」犯錯。

著者
崔洋

責任編輯
吳煥燊

裝幀設計
鍾啟善

排版
何秋雲

出版者
萬里機構出版有限公司
香港北角英皇道499號北角工業大廈20樓
電話：2564 7511
傳真：2565 5539
電郵：info@wanlibk.com
網址：http://www.wanlibk.com
　　　http://www.facebook.com/wanlibk

發行者
香港聯合書刊物流有限公司
香港荃灣德士古道 220-248 號荃灣工業中心 16 樓
電話：2150 2100
傳真：2407 3062
電郵：info@suplogistics.com.hk

承印者
美雅印刷製本有限公司
香港觀塘榮業街 6 號海濱工業大廈 4 樓 A 室

出版日期
二〇二一年八月第一次印刷

規格
16 開（230 mm × 160 mm）